NOS VEMOS HOY 3

Curso de español
B1

Cuaderno de ejercicios

NOS VEMOS HOY 3

Autoras
Pilar Pérez Cañizares, Bibiana Wiener, Marta Díaz Barahona

Coordinación editorial
Clara Serfaty

Redacción
Clara Serfaty, Cristian Selvas

Diseño gráfico
Laurianne Lopez

Diseño de cubierta
Laurianne Lopez

Maquetación
Aleix Tormo

Corrección
Pablo Sánchez

Nos vemos hoy está basado en el manual *Con gusto nuevo*.

© de la edición original: Ernst Klett Sprachen GmbH, Stuttgart, Alemania (2018)

© de esta edición: Difusión, Centro de Investigación y Publicaciones de Idiomas, Barcelona, España (2022)

ISBN: 978-84-18625-28-2

Impreso en la UE

Queda prohibida cualquier forma de reproducción, distribución, comunicación pública y transformación de esta obra sin contar con autorización de los titulares de propiedad intelectual. La infracción de los derechos mencionados puede ser constitutiva de delito contra la propiedad intelectual (arts. 270 y ss. Código Penal).

Bienvenidos a NOS VEMOS HOY 3

NOS VEMOS HOY es un manual para descubrir el mundo de habla hispana y aprender a comunicarse en situaciones de la vida cotidiana. Al final de este nivel el / la estudiante habrá alcanzado el nivel B1 del Marco Común Europeo de Referencia para las Lenguas.

Para vivir una experiencia aún más interactiva, todos los recursos digitales de **NOS VEMOS HOY** se encuentran disponibles en:

campusdifusión

- ✓ Libro digital interactivo en dos formatos (flipbook y HTML)
- ✓ Audios y vídeos
- ✓ Transcripciones de los audios
- ✓ Textos mapeados
- ✓ Textos locutados
- ✓ Itinerarios digitales
- ✓ Evaluaciones
- ✓ Exámenes autocorregibles por unidad
- ✓ Edición anotada para docentes
- ✓ Glosarios en inglés, francés y chino
- ✓ Soluciones

ÍNDICE

PÁG. 9

1 SIGO APRENDIENDO

Actividades
• 1-22

Mundo profesional
• Una entrevista de trabajo

Pronunciar bien
• Trabalenguas

Autoevaluación

PÁG. 19

2 ¡BUEN VIAJE!

Actividades
• 1-25

Mundo profesional
• Una reclamación

Pronunciar bien
• Pronunciación y ortografía de verbos con raíz con **c**, **g**, **gu**, **qu**, **z**

Autoevaluación

PÁG. 29

3 MANERAS DE VIVIR

Actividades
• 1-21

Mundo profesional
• Un contrato de alquiler

Pronunciar bien
• Palabras con y sin acento

Autoevaluación

PÁG. 39

4 MIRADOR

Unidad de repaso

Actividades
• 1-4

PÁG. 41

5 ¿PAPEL O PANTALLA?

Actividades
• 1-20

Mundo profesional
• Un anuncio

Pronunciar bien
• Palabras con la misma pronunciación y escritura diferente

Autoevaluación

PÁG. 51

6 UN MUNDO DE SENSACIONES

Actividades
• 1-23

Mundo profesional
• Empresas multinacionales

Pronunciar bien
• Cambios ortográficos en los verbos

Autoevaluación

PÁG. 61

7 DE TODO CORAZÓN

Actividades
• 1-20

Mundo profesional
• Un anuncio de trabajo

Pronunciar bien
• La transcripción fonética

Autoevaluación

PÁG. 71

8 MIRADOR

Unidad de repaso

Actividades
• 1-5

ÍNDICE

PÁG. 73
9 GRANDES MOMENTOS

Actividades
• 1-18

Mundo profesional
• Una empresa de organización de eventos

Pronunciar bien
• Las sílabas

Autoevaluación

PÁG. 83
10 MUNDOS EN CONTACTO

Actividades
• 1-20

Mundo profesional
• Un informe

Pronunciar bien
• Palabras extranjeras

Autoevaluación

PÁG. 93
11 CAMBIOS Y VISIONES

Actividades
• 1-21

Mundo profesional
• Teletrabajo

Pronunciar bien
• Algunas variedades del español

Autoevaluación

PÁG. 103
12 MIRADOR

Unidad de repaso

Actividades
• 1-10

CÓMO ES NOS VEMOS HOY

Cada unidad del Cuaderno de ejercicios de NOS VEMOS HOY se estructura de la siguiente manera:

Una página de **portadilla** recuerda los objetivos de la unidad e incluye las primeras actividades.

Cada unidad contiene **ocho páginas de actividades** para consolidar **el vocabulario y la gramática** aprendidos en las unidades de la **Edición para estudiantes**.

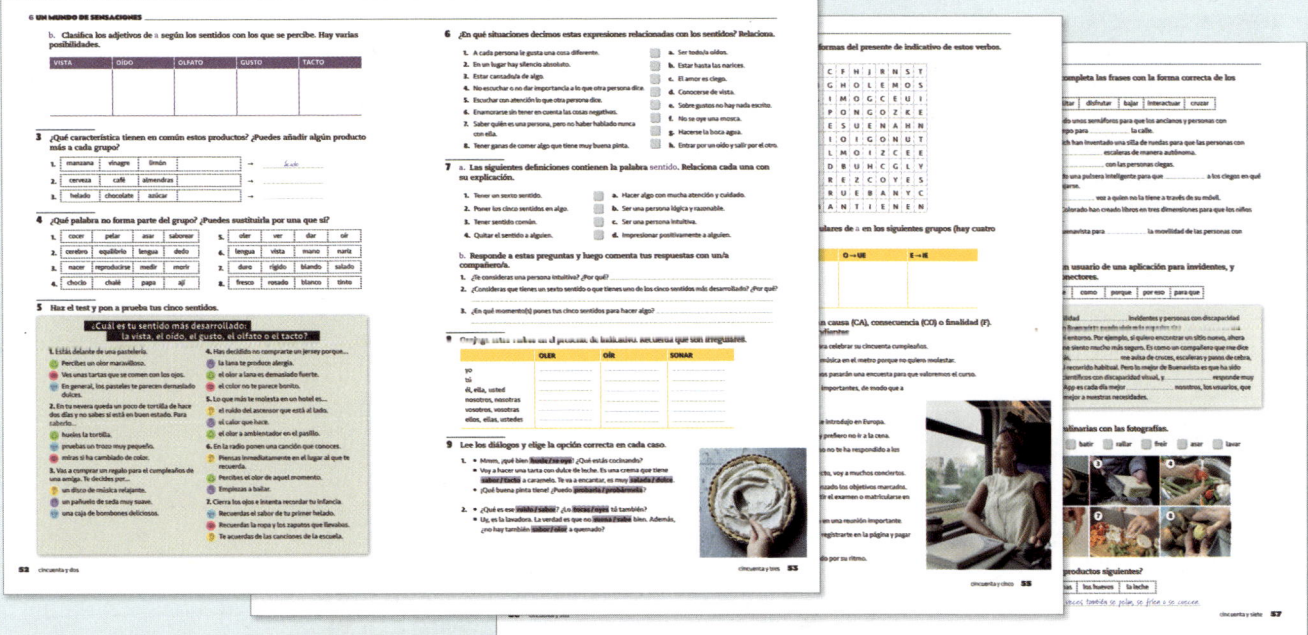

Las ayudas laterales **de gramática** y las **de léxico y comunicación** ofrecen a los/as estudiantes un cómodo apoyo lingüístico para desarrollar las actividades y las propuestas prácticas de manera eficaz.

siete **7**

CÓMO ES NOS VEMOS HOY

Se incluye asimismo una sección orientada al **español de los negocios** llamada **MUNDO PROFESIONAL**.

En la sección **PRONUNCIAR BIEN**, dedicada a la fonética, se dan consejos relacionados con ciertas características de la pronunciación del español. El / La estudiante reflexiona y practica.

Cada unidad se cierra con el apartado **AUTOEVALUACIÓN**, un espacio que invita a los/as estudiantes a reflexionar sobre su progreso.

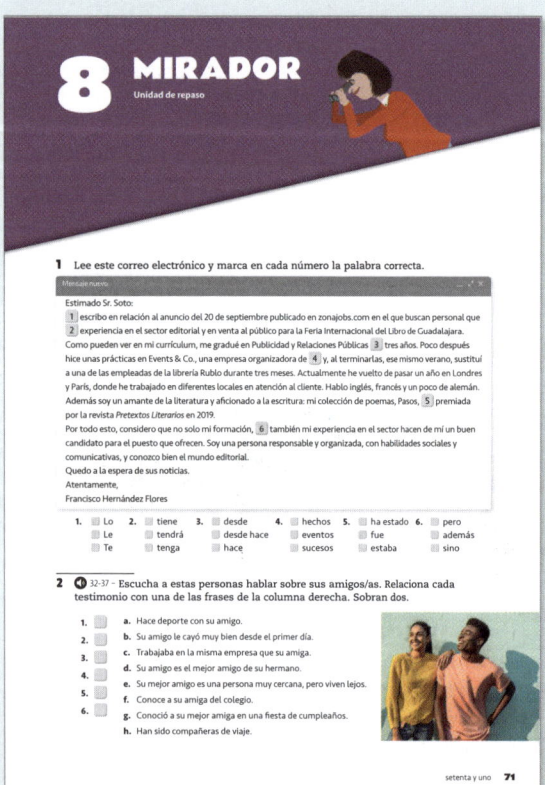

Al igual que en la **Edición para estudiantes**, cada **MIRADOR** (unidades 4, 8 y 12) sirve para hacer balance y **comprobar los conocimientos adquiridos mediante actividades de léxico y gramática**.

1 SIGO APRENDIENDO

Comunicación
- Hablar de la escuela y de las experiencias de aprendizaje
- Expresar habilidad y dificultad
- Hablar de rutinas y eventos en el pasado
- Describir experiencias interculturales
- **MUNDO PROFESIONAL** Una entrevista de trabajo

Léxico
- Aprendizaje
- Características de un/a buen/a profesor/a y de un/a buen/a alumno/a
- Habilidades y dificultades
- Nacionalidades

Gramática
- **Desde, hace, desde hace**
- Perífrasis verbales
- El género en las nacionalidades
- Los usos de los tiempos del pasado
- **PRONUNCIAR BIEN** Trabalenguas

Cultura
- Personajes importantes del mundo hispanohablante
- **CON SABOR** El café

1 a. Completa el crucigrama para encontrar la palabra escondida en las casillas marcadas.

1. Las Matemáticas, la Biología, la Historia son...
2. Objeto de color verde o blanco en el que el / la profesor/a escribe para toda la clase.
3. Sala de la escuela donde comen los/as alumnos/as.
4. Resultado conseguido en un examen o test.
5. Test que se hace para demostrar lo que se sabe.
6. No aprobar un examen o test.
7. Espacio al aire libre en la escuela donde los/as alumnos/as hacen las pausas.
8. Sala en la escuela donde se realizan experimentos químicos o físicos.

b. Escribe ahora una definición para la palabra encontrada.

1 SIGO APRENDIENDO

2 Ordena estas palabras según las siguientes categorías. Añade una más a cada grupo.

patio	pizarra	comedor	Geografía	biblioteca	aprobar
clase	baño	cuaderno	proyectos	portátil	mochila
Historia	diccionario	deberes	exámenes	Literatura	aprender
excursiones	Música	jugar	gimnasio	libro	suspender

LUGARES	OBJETOS	ACTIVIDADES	ASIGNATURAS

3 Describe algunas actividades de tu profesor/a y de los/las estudiantes combinando los elementos de las columnas.

hacer	contar	errores	el diccionario
corregir	despertar	la gramática	dictados
suspender	cometer	el interés	en voz alta
explicar	practicar	apuntes	el vocabulario nuevo
crear	sacar	un buen ambiente	anécdotas
dar	copiar	el examen	buenas notas
tomar	aprobar	clases divertidas	los deberes
consultar			

Casi todos los estudiantes hacemos los deberes y nuestro profesor, Enrique, corrige los errores.

4 Ordena las fichas del dominó para formar pares de contrarios.

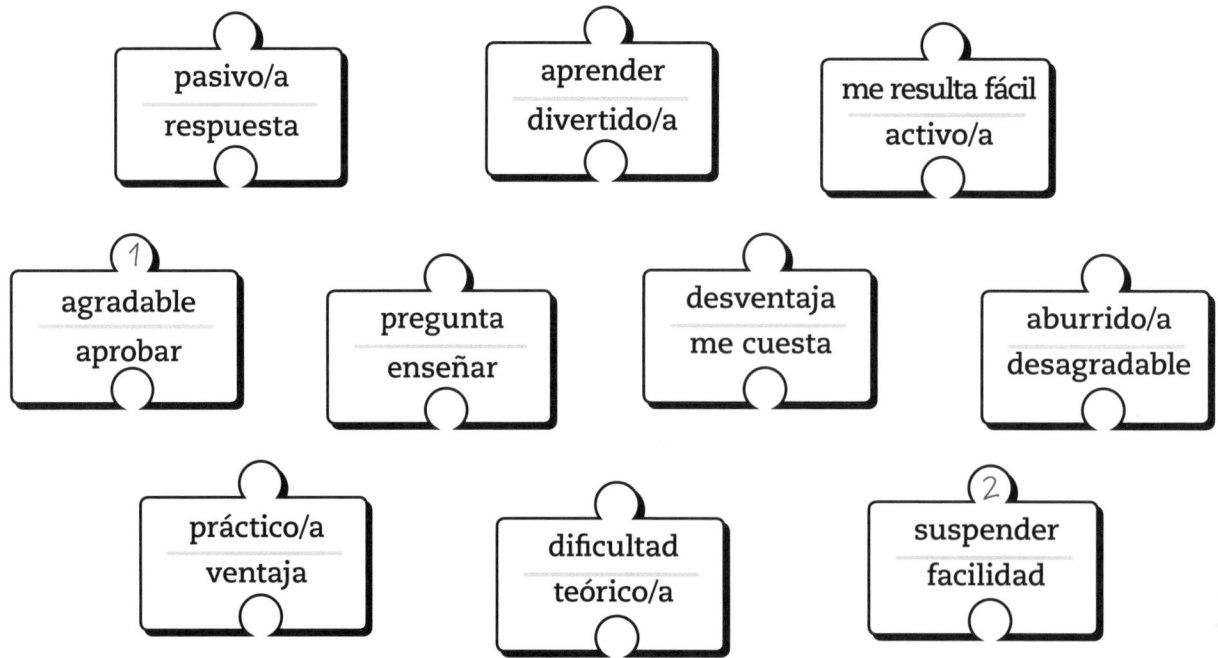

5

a. Completa las frases con la palabra adecuada. No olvides conjugar los verbos.

| capaz | costar | desastre (x2) | lío | problemas | resultar (x2) | vergüenza |

1. Estudio inglés desde hace mucho tiempo, pero sigo pronunciando mal. Tengo muchos .... con la pronunciación.
2. Mi hermana habla tres idiomas y ahora está aprendiendo chino. Los idiomas le .... fáciles.
3. Quiero leer novelas en inglés, pero es difícil, me .... mucho entender los detalles.
4. Mi madre siempre repara todo en casa. Es .... de solucionar casi todos los problemas.
5. Cocinar es para mí una tortura. Soy un .... cocinando.
6. Para mi tío, el ordenador es un misterio. Se hace un .... con los programas.
7. Mi papá trabaja muy bien la madera. Le .... muy fácil hacer esculturas.
8. Me encanta el tango, pero soy un .... bailando y me da .... bailar en las fiestas.

b. Y a ti, ¿qué cosas te resultan fáciles o difíciles? Escribe algunos ejemplos con los temas de las etiquetas. Si quieres, puedes añadir otros.

| hacer nuevos/as amigos/as | hablar en público | recordar caras | contar chistes o anécdotas |
| bailar | memorizar la letra de las canciones | enseñar a hacer algo | cocinar para mucha gente |

1. ....
2. ....
3. ....
4. ....
5. ....
6. ....

6

a. Relaciona y forma frases según tu experiencia aprendiendo español.

1. (NO) ME CUESTA...
2. ME RESULTA FÁCIL / DIFÍCIL...
3. SOY (IN)CAPAZ DE...
4. (NO) ME DA VERGÜENZA...

- ☐ entender las reglas gramaticales.
- ☐ participar en una conversación con nativos/as.
- ☐ cometer errores cuando hablo español.
- ☐ entender a mi profesor/a en la clase de español.
- ☐ escribir un mensaje a un/a amigo/a en español.
- ☐ leer y entender una noticia escrita en español.

b. Ahora, marca con cuáles de estos comentarios te identificas y clasifícalos en la tabla. Luego, añade los de a.

- ☐ Puedo entender series en español.
- ☐ Me hago un lío con la gramática.
- ☐ Tengo que mejorar la pronunciación.
- ☐ Los verbos me resultan difíciles.
- ☐ Soy bastante malo/a memorizando vocabulario.
- ☐ Me encanta aprender jugando en grupo.
- ☐ No tengo problemas con la ortografía.
- ☐ Soy un desastre hablando por teléfono.

HABILIDADES	DIFICULTADES

1 SIGO APRENDIENDO

7 Lee los recuerdos de la escuela de algunas personas y completa las frases con los verbos adecuados en imperfecto o indefinido.

1. ¿Mis recuerdos de la escuela? Pues para mí _fue_ una época muy feliz. Me _gustaba_ mucho ir a la escuela y _____ muchos amigos. Yo _____ muy estudioso y ordenado y _____ buenas notas. Algo especial que recuerdo es que siempre _____ en clase: chocolate, un bocadillo... y eso, claro, _____ prohibido. Así que muchas veces _____ problemas.

2. La verdad es que no tengo buenos recuerdos de la escuela. _____ muy poco, siempre tarde a clase, nunca _____ los deberes. Y claro, tampoco _____ los exámenes. En fin, para mí la escuela _____ un desastre.

3. Yo tengo buenos y malos recuerdos. Es que yo en esa época _____ muy tímida y _____ muchos problemas para participar activamente en clase. Las Matemáticas _____ un horror para mí. Por suerte en casa todos me _____ mucho y finalmente _____ todos los exámenes para entrar en la universidad.

8 Pedro, un profesor de instituto, nos habla de los cambios en la educación en los últimos 30 años. Completa la entrevista con las formas del imperfecto, indefinido o perfecto de los siguientes verbos.

| cambiar | tener | haber | escuchar | aprender | empezar | pensar | ser (x2) | tomar |

- Pedro, tú llevas mucho tiempo en esta profesión, ¿verdad?
- Pues sí, _____ hace más de treinta años, y... hasta ahora.
- Y... ¿_____ mucho la educación desde entonces?
- En algunos aspectos sí, por supuesto... Antes el valor principal de una clase _____ la disciplina, la enseñanza no _____ tan participativa como ahora. Los alumnos solo _____ y _____ apuntes. Yo _____ unos 38 estudiantes por clase, ahora tengo 20 y, claro, antes no _____ atención individualizada.
- Y ahora... ¿sí la hay?
- Se intenta...
- ¿Crees que ahora se aprende más y mejor?
- Creo que antes los estudiantes solo _____ contenidos, ahora además les enseñamos a desarrollar estrategias, y eso les puede servir para todo en la vida...
- Una última pregunta, ¿_____ alguna vez en cambiar de profesión?
- En realidad no, nunca, no me puedo imaginar haciendo otra cosa.

9 🔊 1 - Escucha la entrevista que le hacen a Berta sobre sus años de estudiante y responde a la preguntas.

1. ¿Dónde estudió Berta y por qué cambió de escuela? _____

2. ¿Cómo era la educación que recibió? _____

3. ¿Le gustaba algún/alguna profesor/ora en particular? ¿Por qué? _____

4. ¿Cree que la educación es mejor ahora? ¿Por qué? _____

10 a. Lee los fragmentos del argumento de esta película de Daniel Brühl y ordénalos.

☐ Cuando sale del coma ocho meses después, no sabe que se han producido grandes cambios en el país y que ha caído el Muro de Berlín. Su hijo Alex se ve en una situación complicada porque el médico le dice que su madre necesita mucha tranquilidad. Por eso, enterarse de la caída del Muro y del final del socialismo podría afectar su salud.

☐ Berlín, octubre de 1989. Durante las manifestaciones en contra de la política de la RDA (República Democrática Alemana), Christiane, una orgullosa socialista, pierde el conocimiento y entra en coma.

☐ Cuando su madre sufre un nuevo infarto y tiene que volver al hospital, una enfermera le cuenta que el Muro de Berlín ha caído. Poco antes de morir, Christiane ve uno de los últimos telediarios falsos de Alex y comprende finalmente todo lo que ha hecho su hijo por amor durante esos meses.

☐ Alex decide no decirle nada a su madre sobre los cambios en el país y convierte el apartamento familiar en un bastión del socialismo donde su madre vive creyendo que nada ha cambiado. Con la ayuda de una enfermera rusa, de algunos vecinos y de su amigo Dennis crea un mundo imaginario para ella a través de una serie de telediarios falsos.

b. Ahora, lee el resumen de la película y marca la opción correcta en cada caso.

Mientras **veía / vio** las manifestaciones de 1989, la madre de Alex **perdía / perdió** el conocimiento. Mientras Christiane **estaba / estuvo** en coma, se **producían / produjeron** grandes cambios en el país. Cuando **salía / salió** del coma, la RDA ya no **existía / existió**. Como **necesitaba / necesitó** mucha tranquilidad, su hijo **convertía / convirtió** el apartamento en un bastión socialista. Cuando **sufría / sufrió** otro infarto y **volvía / volvió** al hospital, una enfermera le contó que la RDA ya no **existía / existió**. Mientras **veía / vio** en la tele un telediario falso de Alex, **comprendía / comprendió** lo mucho que la quería su hijo.

11 Completa la historia de Lina con desde, desde que, desde hace, hace, hace… que.

" Soy diseñadora industrial, pero _____ tres años no trabajo en mi profesión poque no encuentro nada relacionado con lo que estudié. _____ principios del año pasado hasta _____ poco trabajé como camarera, pero no era mi trabajo ideal, así que decidí dar el paso y poner en marcha una idea que me rondaba por la cabeza: montar una empresa de decoración de tiendas. _____ ese momento vivo haciendo planes; y han avanzado bastante _____ estoy conectada a un foro en internet que me está ayudando mucho. _____ dos semanas alquilé una oficina y empecé a instalar todo lo necesario, y _____ el lunes trabajo en mi propia empresa. Estoy muy contenta con este nuevo proyecto y estoy convencida de que todo saldrá muy bien. "

1 SIGO APRENDIENDO

12 Completa las siguientes frases con desde, desde que, hace, desde hace y hace… que. Después relaciona cada frase con un personaje.

1. Juega en el circuito profesional _____ 2018.
2. _____ algunos años ganó el premio al mejor actor de la Academia de Cine Alemán.
3. Siente pasión por la música _____ era niña y vivía con su familia en Tijuana.
4. _____ muy joven ha luchado por los derechos de los indígenas guatemaltecos.
5. _____ años _____ actúa en proyectos británicos y españoles.
6. Es un artista reconocido mundialmente _____ más de treinta años.

☐ Fernando Botero, pintor y escultor colombiano.
☐ Rigoberta Menchú, Premio Nobel de la Paz guatemalteca.
[1] Carlos Alcaraz, jugador español de tenis.
☐ Daniel Brühl, actor de nacionalidad española y alemana.
☐ Julieta Venegas, cantante y compositora mexicana.
☐ Oona Chaplin, actriz española, nieta de Charlie Chaplin.

13 🔊 2-4 - Escucha las encuestas que les hacen a Carolina, Miguel y Amanda sobre las vacaciones, y marca las frases correctas. Luego corrige las informaciones falsas.

1. ☐ A Carolina Íñiguez le gustó mucho Costa Rica, pero no volvería allí de vacaciones.
2. ☐ Miguel Flores no puede ir de vacaciones porque está en período de prueba.
3. ☐ Amanda Torres está jubilada y ha pasado el verano sola en casa.

14 Completa las frases con todas las expresiones adecuadas de las etiquetas.

el domingo	vivo en Argentina	entonces	muchos años	poco tiempo	salgo con Antonia
ese momento	tres semanas	terminé mis estudios	1992	unos días	las Navidades

Cambié de trabajo hace *muchos años, poco tiempo,* _____
Voy a clase de español desde hace _____
No toco la guitarra desde _____
No fumo desde que _____

15 a. Sergio se está preparando para pasar un semestre en Lima. Escribe sobre sus preparativos usando las perífrasis empezar a…, acabar de…, volver a…, seguir…, llevar…, dejar de…

1. Está mirando vuelos desde ayer. *Ayer empezó a…*
2. Busca alojamiento desde hace un mes. *Lleva…*
3. Hace poco se ha apuntado a un curso intensivo de español.
4. Ya no va al curso de inglés, para tener más tiempo.
5. Todavía hace un intercambio con Jaime, su amigo español.
6. Se ha puesto de nuevo en contacto con Julia, una amiga de Lima.

b. Escribe algunas frases sobre ti mismo/a utilizando las mismas perífrasis.

16 Lee los apuntes que ha tomado un/a profesor/a sobre sus alumnos/as durante un año. Con ayuda de los símbolos, escribe comentarios usando perífrasis, como en el modelo.

AÑO PASADO
Ángel participa activamente.
Antonio llega tarde a clase.
Pilar y Javier no hacen los deberes.
Ana y Lucía tienen el móvil encendido.
Margarita participa en clase.
Ernesto no saca buenas notas.

AHORA
≠ Ángel ha dejado de participar activamente.
= Antonio _____
= _____
= _____
≠ _____
= _____

17 Completa las biografías de estas dos personas del mundo hispanohablante. Luego relaciona cada dato con una de ellas.

| animaron | nació | hacer teatro | empezó a | acaba de |
| terminó | creció | trabajando | ganó | viviendo |

☐ Es el segundo de cuatro hermanos y _____ en Murcia.
☐ _____ entre Suiza y Madrid, pero sus raíces son británicas.
☐ _____ jugar en la Real Sociedad Club de Campo de El Palmar.
☐ Lleva más de diez años _____ como actriz.
☐ Sus padres le _____ a practicar deporte para divertirse.
☐ Después de varios años, en 2007 _____ sus estudios de interpretación en Londres.
☐ En 2021 _____ su primer torneo ATP.
☐ Desde que se graduó en Londres, no ha dejado de _____ .
☐ _____ rodar su última película en Los Ángeles.
☐ Sigue _____ en Villena desde que se trasladó allí con 14 años.

1. Oona Chaplin, actriz española
2. Carlos Alcaraz, tenista español

18 Completa la tabla con algunos adjetivos clasificados según su terminación.

-O/-A	-ANO/-ANA	-EÑO/-EÑA	-ÉS/-ESA	-(I)ENSE	-Í
	colombiano/a	salvadoreño/a	inglés/esa	estadounidense	marroquí

19 ¿De dónde son estas cosas? Completa con un adjetivo de nacionalidad.

Café de Colombia: café *colombiano*
Whisky de Canadá: whisky _____
Chocolate de Suiza: chocolate _____
Cerámica de Costa Rica: cerámica _____
Azafrán de Marruecos: azafrán _____
Una cámara de Japón: una cámara _____

1 SIGO APRENDIENDO

20 Completa con la nacionalidad adecuada en cada caso. Luego, contesta las preguntas.

| mexicana | española | colombiana | estadounidense | chilena | belga | español | francesa | marroquí |

1. ¿Sabes qué diferencia hay entre la tortilla _____ y la _____? ¿Cuál lleva patatas?
2. ¿Sabes cómo se llama el actor de cine _____ que está casado con Penélope Cruz?
3. ¿Sabías que Shakira es _____, de Barranquilla? ¿Conoces alguna de sus canciones?
4. ¿Cuál es el ingrediente más importante para preparar la salsa _____ guacamole?
5. ¿Conoces alguna novela de la escritora _____ Isabel Allende?
6. El chocolate _____ es muy famoso. ¿Te gusta el chocolate? ¿Cuál es tu marca preferida?
7. La moneda _____ es el dólar. ¿Puedes nombrar otras monedas?
8. Una bebida típica _____ es el té a la menta. ¿Puedes nombrar qué bebidas son típicas de tu país?

21 En cada frase hay un error. Cambia las palabras en negrita por las correctas de la derecha.

1. **Desde hace** cinco años tuve mi primer hijo.
2. Con diez años, mi familia y yo nos mudamos **en** otra ciudad.
3. El año pasado **terminé** de fumar.
4. **Puedo** hablar cuatro idiomas: español, inglés, francés y alemán.
5. Me **pone** vergüenza olvidarme del nombre de alguien.
6. Llevo **hace** treinta años trabajando como profesor.
7. Martina **le** hace un lío con los pronombres en español.
8. Aprendo mucho español **con hablar** con hispanos.

a. se
b. —
c. da
d. hablando
e. hace
f. a
g. dejé
h. sé

22 Lee de nuevo el texto sobre el café en las páginas 22 y 23 de la Edición para estudiantes y ordena cronológicamente las siguientes frases.

☐ El café llegó a América a través de las colonias europeas, primero a Brasil y luego a Colombia.
☐ Tras probarlas él mismo, descubrió sus propiedades estimulantes y se las llevó a unos monjes.
☐ Actualmente es el segundo producto más comercializado del mundo y su bebida la más consumida.
☐ Fue así como descubrieron el delicioso aroma del café tostado con el que elaboraron una bebida.
☐ Cuenta la leyenda que fue un pastor de la actual Etiopía el primero en darse cuenta del efecto energético que unos frutos de color rojo producían sobre sus cabras.
☐ Los monjes tomaron las semillas que les dio el pastor, pero sabían tan mal que decidieron tirarlas al fuego.

MUNDO PROFESIONAL

23 a. 🔊 5 – La escuela Mundo Hispánico está buscando un/a profesor/a de español. Escucha la entrevista a una candidata y contesta las preguntas.

1. ¿Desde cuándo vive en España?
2. ¿Cuánto tiempo lleva trabajando como profesora?
3. ¿En qué trabajaba en México?
4. ¿Por qué dejó de trabajar el año pasado?
5. ¿Cuáles son sus habilidades como profesora?

b. 🔊 5 – Escucha de nuevo la entrevista y marca la información que corresponde con el currículum de Josefina.

- ☐ Licenciatura en Letras Hispánicas.
- ☐ Conocimientos amplios de gastronomía.
- ☐ Curso en línea de enseñanza de español para niños y niñas.
- ☐ Capacidad para dirigir equipos de trabajo.
- ☐ Clases privadas de refuerzo para adolescentes.
- ☐ Máster en Finanzas.
- ☐ Capacidad de motivación.
- ☐ Doctorado en Educación.
- ☐ Grado en Márketing.
- ☐ Prácticas como recepcionista.

PRONUNCIAR BIEN

24 a. Trabalenguas. Lee el texto y comenta las dudas en clase.

> Los trabalenguas son divertidos y sirven para entrenar la pronunciación. Escucha los siguientes trabalenguas en español y repítelos aumentando poco a poco la velocidad. Después de algunas repeticiones, seguramente los sabrás de memoria.

b. 🔊 6-10 – Lee los trabalenguas y practica. Luego, escucha y comprueba.

1. Pancha plancha con cuatro planchas.
   ¿Con cuántas planchas plancha Pancha?

2. El perro de san Roque no tiene rabo
   porque Ramón Ramírez se lo ha robado.

3. ¡Qué col colosal colocó en aquel local el loco aquel!
   ¡Qué colosal col colocó el loco aquel en aquel local!

4. Tengo un tío cajonero que hace cajas y calajas y cajitas y cajones.
   Y al tirar de los cordones salen cajas y calajas y cajitas y cajones.

5. Contigo entró un tren con trigo,
   un tren con trigo contigo entró.

1 SIGO APRENDIENDO

AUTOEVALUACIÓN

YA SÉ...

... hablar de las actividades en clase:
Nuestra profesora _____ y nosotros _____.

... hablar de hábitos en el pasado:
_____ a una escuela pública. En las pausas siempre _____.

... hablar de habilidades y dificultades:
Los idiomas me resultan _____, pero no soy capaz de _____.

... hablar de eventos en el pasado:
A los 20 años _____ unas prácticas y un año después _____ un trabajo.

... expresar comienzo, final y repetición:
Hace un año _____ de hacer deporte, pero ahora _____ a hacerlo.

... usar los tiempos del pasado:
Ayer _____ hasta las seis, mientras mi familia _____.

... usar desde, hace, desde hace:
Terminé la escuela _____ diez años.
Vivo aquí _____ tres meses.
Tengo perro _____ 2019.

... usar las perífrasis verbales:
Hace un año empecé a _____ y dejé de _____.

... algunas nacionalidades:
En mi ciudad hay un restaurante _____ y una frutería _____.

2 ¡BUEN VIAJE!

Comunicación
- Dar consejos y recomendaciones
- Expresar deseos y gustos
- Ofrecer ayuda
- Tranquilizar
- Reaccionar
- Quejarse
- Presentar un problema
- Disculparse, asumir un problema y proponer una solución
- **MUNDO PROFESIONAL** Una reclamación

Léxico
- Viajes y expediciones
- Consejos
- Quejas
- Problemas y soluciones

Gramática
- El presente de subjuntivo
- El uso del infinitivo y del presente de subjuntivo
- Repaso del imperativo
- **PRONUNCIAR BIEN** Pronunciación y ortografía de verbos con raíz con **c**, **g**, **gu**, **qu**, **z**

Cultura
- La Expedición Itzá
- **CON SABOR** La naranja

---

1 a. Lee las definiciones y completa el crucigrama con los objetos que se llevan en un viaje.

1. Se necesita para lavarse las manos.
2. Objeto que sirve para poner el pelo en orden.
3. Objeto que sirve para conectar un aparato a la red eléctrica.
4. Objeto que necesitas para lavarte los dientes.
5. Si tienes dolor de cabeza, puedes tomar una (por ejemplo, aspirina).
6. Para protegerse del sol se necesita… solar.
7. Objeto que sirve para protegerse de la lluvia.

b. Escribe ahora la definición de la palabra escondida en las casillas marcadas.

2 ¿Qué palabra o expresión no forma parte del grupo? ¿Puedes sustituirla por una que sí?

cepillo	champú	peine	enchufe	
insolación	avería	picadura	ampollas	
tiritas	maleta	botiquín	pastillas	
descansar	pasear	facturar	bucear	
avería	robo	pérdida	medusa	
importante	recomendable	justo	útil	

2 ¡BUEN VIAJE!

3 ¿Qué hacemos en un viaje? Relaciona y busca una palabra o expresión más para cada verbo. Hay varias posibilidades.

| amigos | una bebida popular | paisajes exóticos | un coche de alquiler | senderismo | otra cultura |
| la gastronomía local | el ambiente nocturno | productos típicos | el alojamiento | los vuelos |

hacer _amigos/as_
reservar
probar
descubrir

4 a. Primero, subraya las actividades que haces cuando viajas. Coméntalo en clase.

- ☐ informarme sobre el lugar
- ☐ comprar algún recuerdo
- ☐ renovar el pasaporte
- ☐ reservar los billetes
- ☐ hacer turismo
- ☐ recoger las llaves del alojamiento
- ☐ lavar la ropa
- ☐ hacer la maleta
- ☐ descansar

- ☐ subir fotos en la red
- ☐ descargarse mapas
- ☐ alquilar un coche
- ☐ buscar alojamiento
- ☐ contar las experiencias del viaje
- ☐ comprar una guía
- ☐ preparar un botiquín
- ☐ escribir un diario
- ☐ probar la cocina local

b. Ahora, anota en los recuadros cuáles de ellas sueles hacer antes (A), durante (D) o después del viaje (DP). Puede haber varias posibilidades. ¿Puedes añadir una actividad más en cada categoría?

5 Familias de palabras. Completa con las palabras correspondientes en cada columna.

VERBO	NOMBRE	PERSONA
	la visita	
		el / la organizador/a
viajar		
	la participación	
		el / la cooperante
estudiar		
		el / la entrevistador/a
	la colaboración	
		el / la presentador/a

6 Vuelve a leer el texto sobre la Expedición Itzá de la página 28 de la Edición para estudiantes y marca las frases correctas. Luego corrige las incorrectas.

1. ☐ Es una iniciativa para jóvenes entre 18 y 24 años.
2. ☐ Solo pueden participar estudiantes universitarios/as.
3. ☐ La expedición dura seis semanas y pasa por varios países latinoamericanos.
4. ☐ Durante el viaje los/as jóvenes se alojan en casas de familias.
5. ☐ Los/as jóvenes participan en distintos cursos y talleres.
6. ☐ La condición para participar es saber español.

7 Lee el siguiente perfil para una red de alojamiento y completa. Sobra una etiqueta.

| espero | necesito | me gusta | prefiero | tengo muchas ganas | es útil | no te olvides |

Hola, me llamo Teresa y vivo con un perro en el centro de Granada.

En mi casa puedo ofrecerte el sofá del salón un par de días, un té y una buena conversación. Puedes fumar, pero _____ que no lo hagas dentro de casa, ¡hay un balcón!

Durante la semana _____ tranquilidad para poder estudiar, pero el fin de semana tengo tiempo libre y _____ mucho conocer gente abierta con la que charlar y que me cuente cosas de su cultura.

Otra cosa más: no presto toallas, así que _____ de traer la tuya. ¡_____ que disfrutes de tu estancia en mi casa y que lleguemos a ser amigos!

¡Yo ya _____ de conocerte!

8 El imperativo afirmativo y negativo. Completa la tabla.

	INFORMAL		FORMAL	
SINGULAR	organiz**a** descubr___	no llev**es** no particip___	pase**e** conozc___	no se pierd**a** no prueb___
PLURAL	respet**ad** control___	no us**éis** no teng___	disfrut**en** hag___	no se olvid**en** no vay___

9 Transforma las reglas de comportamiento de este folleto de un viaje de estudios usando el imperativo afirmativo o negativo de tú.

EDUCATOUR – VIAJES EDUCATIVOS

1. Tienes que respetar el horario y ser puntual en todas las actividades programadas.
2. Durante el viaje tienes que participar en todas las comidas con el grupo.
3. Tienes que quedarte siempre con el grupo y seguir las indicaciones del / de la profesor/a o guía.
4. Está prohibido beber alcohol durante todo el viaje.
5. Está prohibido alquilar y conducir motos u otros vehículos.
6. No se puede fumar en ningún lugar dentro del hotel.
7. Tienes que ser respetuoso/a con las instalaciones del hotel y pagar lo que consumes del minibar.
8. En las habitaciones no se puede lavar ropa. Tienes que usar el servicio de lavandería del hotel.
9. Está prohibido volver al hotel después de las doce de la noche.

2 ¡BUEN VIAJE!

10 Verbos regulares. Completa la tabla con el presente de subjuntivo.

	DISFRUTAR	**LEER**	**ESCRIBIR**
yo	disfrut**e**		escrib**a**
tú		le**as**	
él, ella, usted			escrib**a**
nosotros, nosotras	disfrut**emos**	le**amos**	escrib**amos**
vosotros, vosotras	disfrut**éis**		
ellos, ellas, ustedes		le**an**	

11 Verbos irregulares. Completa la tabla con el presente de subjuntivo.

	HACER	**PONER**	**CAER**	**VENIR**	**APARECER**
yo	ha**ga**		cai**g**a		
tú		pon**g**as			apare**zc**as
él, ella, usted	ha**ga**		cai**g**a	ven**g**a	apare**zc**a
nosotros, nosotras		pon**g**amos			apare**zc**amos
vosotros, vosotras	ha**g**áis		cai**g**áis	ven**g**áis	
ellos, ellas, ustedes		pon**g**an		ven**g**an	

12 a. Completa el crucigrama con el presente de subjuntivo. La solución es un país hispanoamericano.

1. conocer (ellos)
2. poner (yo)
3. poder (tú)
4. sentir (nosotros)
5. pagar (ellos)
6. dormir (tú)
7. dar (vosotras)
8. utilizar (él)
9. saber (nosotros)
10. cerrar (ella)

Solución: ....

b. Clasifica los verbos de **a** en los siguientes grupos según su irregularidad.

C → ZC	N → NG	O → UE	E → I	E → IE	CAMBIOS ORTOGRÁFICOS	OTROS
					paguen	deis

c. Escribe el infinitivo y la persona de los siguientes verbos y clasifícalos en los grupos de **b**.

vayas _ir (tú)_   quieras ....   lleguen ....   cuente ....
sirvamos ....   empiece ....   tengamos ....   crezcáis ....

13 ¿Puedes identificar el sujeto de los verbos que están en negrita? ¿Se refieren a la misma persona o a personas diferentes? Escribe los pronombres correspondientes.

1. **Esperamos**...   nosotros/as
   ... **llegar** a tiempo a clase.   nosotros/as
   ... que **llegues** a tiempo a clase.   tú

2. Yo **prefiero**...
   ... **viajar** por mi cuenta.
   ... que no **viajes** por tu cuenta.

3. ¿**Quieres**...
   ... que **vayamos** a cenar?
   ... **irte** a cenar?

4. **Espero**...
   ... que **tengáis** un buen viaje.
   ... **tener** un buen viaje.

5. No **me gusta**...
   ... **ir** sola a Berlín.
   ... que **vayas** sola a Berlín.

6. ¿**Necesitas**...
   ... **reservar** una plaza?
   ... que te **reserve** una plaza?

14 Usos del subjuntivo. Clasifica estos verbos según su uso y escribe más ejemplos.

| desear | tener miedo | querer | recomendar | pedir | tener ganas de | preferir |

DESEO	esperar, _____, _____, _____	• Espero que me llames todos los días. _____ .
GUSTOS Y SENTIMIENTOS	gustar, _____, _____	• Me gusta que la agencia lo organice todo. _____ .
INFLUENCIA	necesitar, _____, _____	• Necesito que me ayudes. _____ .

15 La Expedición Itzá. ¿Quién quiere qué? Completa con infinitivo o que + subjuntivo.

DESCUBRIR OTRAS CULTURAS	Los jóvenes quieren *descubrir otras culturas*. Sus padres quieren *que sus hijos/as descubran otras culturas*.
PARTICIPAR EN EL VIAJE	A Mario le encanta que su hermana _____ Teresa desea _____
LLEVAR MUCHO DINERO	La organización de la expedición recomienda no _____ Los padres no quieren _____
VOLVER SANOS/AS	Los/as participantes esperan _____ Sus padres desean _____

16 Escribe un deseo positivo para cada una de estas personas.

| Mi mejor amigo/a | Yo | Mi profesor/a de español | Una persona de mi familia |

1. Quiero _____
2. Tengo ganas de _____
3. Deseo _____
4. Espero _____

2 ¡BUEN VIAJE!

17 a. Así se prepara Julia para un examen. Completa con los verbos en subjuntivo.

| dar | decir (x2) | estudiar | mostrar | ser (x2) | venir |

1. Espero que los temas del examen _____ fáciles.
2. Le voy a pedir al profesor que nos _____ cuánto tiempo dura el examen.
3. Les voy a pedir a dos compañeros que _____ juntos para el examen.
4. Prefiero que el profesor no nos _____ más tareas antes de la prueba.
5. Necesito que mi profesor nos _____ los exámenes de los años anteriores.
6. No quiero que mis padres _____ a comer conmigo antes del examen.
7. No me gusta que mis compañeros me _____ cuánto han estudiado.
8. Tengo miedo de que el examen _____ muy difícil.

b. ¿Te identificas con Julia? Anota las diferencias.

Yo prefiero estudiar sola porque...

18 Teresa escribe a sus padres desde la Expedición Itzá. Lee el correo y completa con infinitivo o que + subjuntivo.

Mensaje nuevo

Hola:
¡Por fin encuentro un rato para escribiros! Espero _____ (ESTAR) bien, ¡por aquí, todo fantástico! ¡No hemos parado! Os cuento: rutas por parques naturales, visitas a pueblos, programa académico... A veces estoy muuuyyy cansada, pero quiero _____ (DISFRUTAR) al máximo, ¡hay tanto que ver!
En la expedición somos más de 60 jóvenes y ya tengo algunos amigos. Lo que más me gusta es que la gente _____ (SER) tan abierta y _____ (HABER) tan buen ambiente.
Las caminatas no son siempre fáciles, necesitas _____ (SER) fuerte, y no solo físicamente... A veces, sobre todo en las expediciones, tenemos miedo de _____ (NO PODER) seguir, pero siempre hay alguien que te anima a continuar.
Os pido que, por favor, _____ (NO PREOCUPARSE). Estoy feliz de poder vivir esta experiencia y, la verdad, no tengo ganas de _____ (VOLVER), todavía me queda mucho por ver. ¿Qué tal estáis vosotros? Os quiero mucho.

Un abrazo fuerte,
Teresa

---

19 Transforma estos consejos para la clase en tu cuaderno (sin cambiar el sentido) usando **es importante, es recomendable, es muy útil, lo mejor es**.

1. Comprobad el resultado de los ejercicios en las hojas de soluciones.
   1. Es recomendable comprobar el resultado de los ejercicios en las hojas de soluciones.
2. Leed la historia en voz alta, es un buen ejercicio.
3. Escribid el resumen del texto para recordar mejor la historia.
4. Para buscar la traducción de alguna palabra, consultad el diccionario.
5. Practicad el vocabulario de esta lección porque mañana haremos un test.
6. Si no habéis entendido la explicación, preguntad a un/a compañero/a.
7. No tengáis miedo a los errores porque se puede aprender de ellos.
8. No compréis el libro porque todavía no hemos decidido si lo usaremos.

20 a. 🔊 11 – Un grupo de turistas va a visitar Sevilla mañana. Escucha y marca las instrucciones que les da la guía.

- ☐ llevar calzado cómodo
- ☐ ponerse ropa ligera
- ☐ beber mucha agua
- ☐ comparar los precios de los bares
- ☐ llevar el mapa de la ciudad
- ☐ montar en un coche de caballos
- ☐ pagar siempre con tarjeta
- ☐ no separarse del grupo
- ☐ no irse muy lejos
- ☐ llevar cámara de fotos
- ☐ probar la gastronomía
- ☐ protegerse del sol

b. 🔊 11 – Escucha de nuevo y completa los consejos de la guía.

1. Les pido que… _____
2. Intenten… _____
3. Si se pierden, lo mejor es que… _____
4. Les recomiendo que… _____
   y que… _____
5. Lo mejor es… _____
6. Es recomendable… _____
7. Es muy importante que… _____
8. Es imprescindible que… _____

---

21 🔊 12-13 – ¿Qué problemas tienen? Escucha estos diálogos y marca en cada caso si la frase es verdadera (V) o falsa (F). Corrige las falsas.

1. **a.** ☐ En el hotel no encuentran la reserva de Ana Morales.
   b. ☐ No hay habitaciones libres en el hotel.

2. **a.** ☐ Al señor le han robado el coche.
   b. ☐ El señor ha aparcado mal su coche.

---

22 Completa estos diálogos con expresiones para quejarse y ofrecer ayuda durante un viaje.

1. • ¡Ay! ¡Pero si no tengo dinero en efectivo para pagar el autobús!
   ▪ No te preocupes, yo sí, ¿quieres que te preste algo y luego me lo devuelves?

2. • ¡_____!
   ▪ Lo entiendo perfectamente, pero hasta mañana no podremos darles una nueva habitación.

3. • No he dormido en toda la noche, tengo una diarrea…
   ▪ ¿_____?

4. • ¡Me parece increíble que tengamos que pagar las excursiones! En la página web no ponía eso.
   ▪ _____

5. • Uff, estoy muy cansada y no puedo respirar bien. Creo que no puedo seguir…
   ▪ ¿_____?

6. • ¡_____!
   ▪ Tiene razón. Voy a ver si puedo conseguirle un vuelo para esta tarde.

2 ¡BUEN VIAJE!

23 ¿Qué dices en estas situaciones?

1. En un hotel. Te quejas por la limpieza de la habitación y la falta de toallas.

2. En un hotel. Te quejas porque la habitación que te han dado es para una persona y reservaste para dos.

3. En un hotel. Te quejas por el ruido del ascensor. Viajas con un bebé.

4. En un hotel. Te quejas por la conexión a internet.

5. En el banco. Te quejas porque no puedes sacar dinero del cajero automático.

6. En el aeropuerto. Te quejas porque tu maleta no aparece.

7. En el aeropuerto. El vuelo de tu amigo/a ha sido anulado. Tú quieres tranquilizar a tu amigo/a.

8. En la calle. Ha habido un accidente. Tú ofreces ayuda.

9. En el trabajo. Alguien quiere ayudarte, pero tú no necesitas ayuda.

24 En cada frase hay un error. Cambia las palabras en negrita por las correctas de la columna derecha.

1. Mañana iremos **en** la playa, ¡no os olvidéis del bañador!
2. **Cuando** quieren, podemos cambiarles la habitación.
3. Me han robado **mi** bolso con toda la documentación.
4. Mire, tengo **una** problema, mi vuelo se ha cancelado.
5. **Está** lógico que quiera contratar un seguro de viajes.
6. No funcionaba el cajero y tuve que pedir **por** dinero a un compañero.
7. ¿Qué te **piensas** si llamamos a un médico?
8. No **le** preocupe, señor, yo le acompaño a la policía.

a. es
b. —
c. el
d. parece
e. un
f. se
g. a
h. si

25 ¿Qué información recuerdas del texto sobre la naranja de las páginas 36 y 37 de la *Edición para estudiantes*? Marca las frases que son verdaderas. Luego vuelve a leer el texto y corrige las frases falsas.

1. La naranja es originaria de varios países asiáticos.
2. La flor de la naranja sirve para curar algunos problemas de salud.
3. El agua de Valencia es una bebida ideal para las personas que no consumen alcohol.
4. La naranja es un producto exclusivo de España.

MUNDO PROFESIONAL

26 a. Lee la reclamación de un pasajero a una compañía aérea y escribe la traducción a tu lengua de las palabras de abajo.

Mensaje nuevo

Señoras y señores:

El día 4 de febrero tenía que tomar un vuelo de Málaga a Bilbao. Lo cancelaron por problemas meteorológicos, pero los aviones de las otras compañías sí salieron. Cuando reclamé, no me dieron ninguna información. Es una vergüenza que, en esos casos, la compañía no se haga responsable de los gastos de la comida y el hotel. Tampoco me ofrecieron otra alternativa para llegar hasta Bilbao, por ejemplo, en autobús o en tren. Finalmente, el vuelo salió dos días después y por eso no pude asistir a una entrevista de trabajo muy importante que tenía en Bilbao.

Les adjunto una copia de mi billete de avión y los recibos de los gastos que he tenido por la cancelación de su vuelo. Espero que me puedan compensar por ellos.

Atentamente,
Ernesto Prieto

---

1. cancelar
2. hacerse responsable
3. los gastos
4. una alternativa
5. asistir a
6. adjuntar
7. el recibo
8. compensar

b. Lee otra vez el correo y marca las frases correctas. Luego corrige la información falsa.

1. ☐ El 4 de febrero cancelaron todos los vuelos por mal tiempo.
2. ☐ La compañía aérea pagó los gastos del hotel.
3. ☐ A los pasajeros les ofrecieron viajar en autobús o tren a Bilbao.
4. ☐ Ernesto Prieto viajó el 6 de febrero a Bilbao.

PRONUNCIAR BIEN

27 a. Pronunciación y ortografía. Lee el texto y comenta las dudas en clase.

Como ya sabes, la pronunciación tiene, en algunas ocasiones, consecuencias en la ortografía. Los verbos cuya raíz termina en **c**, **g**, **gu**, **qu** o **z** cambian su ortografía según la vocal que viene a continuación.

c [k]	bus**c**ar	→ bus**qu**é, bus**c**aste, bus**c**ó, …
c [θ]	conven**c**er	→ conven**z**o, conven**c**es, conven**c**e, …
g [g]	pa**g**ar	→ pa**gu**é, pa**g**aste, pa**g**ó, …
g [x]	co**g**er	→ co**j**o, co**g**es, co**g**e, …
gu [g]	se**gu**ir	→ si**g**o, si**gu**es, si**gu**e, …
z [θ]	empe**z**ar	→ empe**c**é, empe**z**aste, empe**z**ó, …

b. 🔊 14-16 – Escucha estas frases y escribe las letras que faltan.

1. ¿Recuerdas que hoy lle____ tú a Miguel? Si prefieres, lo reco____ o yo luego en la estación. ¿O puedes reco____ erlo tú?
2. ¿Tu pasaporte? Pues bús____ alo tú, yo ya te bus____ é el billete, lo reservé y lo pa____ é. Ahora no encuentras tu pasaporte y quieres que te lo bus____ e yo también. ¡Esto ya es demasiado, ya eres mayor!
3. Sí, si____ o estudiando inglés y hace una semana empe____ é un curso para avanzados porque un amigo me lo consi____ ió; es muy bueno, dice. A ver cómo me va, ya te contaré.

AUTOEVALUACIÓN

YA SÉ...

... dar consejos y recomendaciones:
Es importante _____ . Te recomiendo _____ .

... expresar deseos y necesidad:
Te deseo que _____ . Es necesario _____ .

... tranquilizar a alguien:
Tranquilo, _____ . Ya verás que _____ .

... ofrecer ayuda a alguien:
¿Le puedo ayudar _____ ? ¿Quiere _____ ?

... quejarme:
No es justo _____ . No puede ser que _____ .

... reaccionar y proponer soluciones:
Tiene razón. Voy a ver si _____ . Lo entiendo, pero _____ .

... conjugar el presente de subjuntivo:
LLEVAR: que yo _____ ; TENER: que tú _____ ; IR: que él _____

... el uso del infinitivo o subjuntivo:
Quiero _____ al banco hoy. Quiero que tú _____ al banco hoy.

3 MANERAS DE VIVIR

Comunicación
- Hablar de estilos de vida
- Presentar argumentos
- Reaccionar
- Contraponer opiniones
- Hablar de ventajas y desventajas
- Transmitir informaciones, preguntas y peticiones
- Presentar una información sorprendente
- Reaccionar con sorpresa
- **MUNDO PROFESIONAL** Un contrato de alquiler

Léxico
- Tareas domésticas
- Tipos de vivienda
- Calidad de vida

Gramática
- El estilo directo e indirecto
- Indicativo y subjuntivo en el estilo indirecto
- Declarar, cuestionar o negar una información
- Referirse a informaciones ya conocidas con **lo de**
- **PRONUNCIAR BIEN** Palabras con y sin acento

Cultura
- El movimiento *tiny house*
- **CON SABOR** La patata o papa

1 a. Busca en la sopa de letras las palabras que corresponden a las siguientes definiciones relacionadas con la vivienda. Si lo necesitas, puedes usar el diccionario.

1. Grupo de viviendas cerrado a las afueras de la ciudad.
2. Se usa para transportar personas de un piso a otro.
3. La parte de la casa situada debajo del suelo.
4. Cada uno de los niveles de una casa o de un edificio.
5. El lugar de un edificio donde se guardan los coches.
6. Piso pequeño para vivir o pasar las vacaciones.
7. Cada una de las partes en las que se divide una ciudad.
8. Está en el salón y allí se enciende el fuego en invierno.
9. Trozo de tierra para plantar verduras.
10. Casa en el campo con espacio para cuidar animales.
11. Habitación para dormir.
12. Electrodoméstico para conservar los alimentos fríos.
13. Chalé que está construido unido a otro(s).
14. Restos de edificios.

A	J	H	M	L	T	J	D	U
J	A	S	C	E	N	S	O	R
L	M	O	Z	Y	G	A	R	B
A	E	T	S	A	G	D	M	A
P	L	A	N	T	A	O	I	N
A	R	N	I	H	R	S	T	I
R	U	O	L	U	A	A	O	Z
T	I	C	U	E	J	D	R	A
A	N	B	H	R	E	O	I	C
M	A	S	F	T	U	L	O	I
E	S	Ñ	B	A	R	R	I	O
N	E	V	E	R	A	Z	Ñ	N
T	G	R	A	N	J	A	O	V
O	C	H	I	M	E	N	E	A

3 MANERAS DE VIVIR

b. Completa los siguientes anuncios con las palabras de a.

> **1.** Estupendo _adosado_ en la costa para los meses de verano. Situado en la _____ Las Gaviotas, Málaga. 170 m². Planta baja: comedor, salón con _____, cocina, baño, terraza con vistas al mar y _____ con capacidad para dos coches. 1.ª planta: 3 dormitorios y baño. _____ para guardar alimentos o vino.

> **2.** Para estudiantes: _____ moderno de un _____ en el _____ de Gràcia, Barcelona. 50 m². 3.ª _____ con _____. Exterior, con mucha luz y completamente amueblado. Baño, cocina equipada con _____, horno, lavadora... y salón con pequeño balcón a una calle céntrica.

> **3.** En el pueblo de Arguita, a hora y media de Madrid, ofrecemos una _____ en _____ para restaurar, rodeada de naturaleza. La casa tiene 500 m², un jardín y dos _____ con posibilidades de plantar para el consumo propio. Ideal para familias. El pueblo cuenta con escuela.

2 a. ¿Cómo se llaman estas tareas de la casa?

1. cocinar, preparar/hacer la comida

b. ¿Cómo se organizan las tareas en tu casa? Completa las frases.

1. Cada mañana _____
2. Los domingos / sábados _____
3. Me gusta(n) (que) _____
4. Me molesta(n) (que) _____

3 Lee el reparto de tareas de esta familia y completa con los verbos que faltan.

LUISA
_____ la ropa
_____ todas las camas
_____ la cena

JUAN
_____ las plantas
_____ la aspiradora a toda la casa
_____ la mesa

PEDRO
_____ la compra
_____ los platos

MARTA
sacar la basura
_____ la lavadora
_____ el baño

4 Lee este anuncio publicitario sobre aspiradoras y complétalo con los verbos adecuados en subjuntivo.

| consumir | funcionar | hacer | llegar | ocupar | ser |

¿QUÉ ES LO MÍNIMO QUE PEDIMOS DE UNA ASPIRADORA?
QUE ASPIRE.

¿Y lo máximo?
Que _____ fácil de usar.
Que no _____ ruido.
Que no _____ mucho espacio en la casa.
Que _____ a todos los lugares de la casa.
Que no _____ mucha energía.
Que _____ bien muchos años.

ASPIRAFIX. Una buena decisión.

---

5 Lee los mensajes de Sofía y Felipe, y elige la opción correcta en cada caso.

Sofía
Felipe, ha llamado mamá para **pedirnos / aconsejarnos** que la ayudemos un poco hoy, ¡está muy ocupada! **Cuenta / Dice** que compres el pan tú hoy. También **pregunta / propone** que cuándo vas a volver a casa porque hay cena familiar, ¿te acuerdas? Ya me **ha preguntado / ha explicado** cómo hacer el pollo, así que no tardes mucho y me ayudas.
14:24

Felipe
Vale, pues enseguida estoy allí, **pídele / dile** que no se preocupe. ¡Ah!, y **pregúntale / ordénale** cuántas barras de pan compro. ¡No me responde al teléfono!
14:27

---

6 Eres el/la nuevo/a presidente/a de tu comunidad de vecinos/as. Hoy algunos/as vecinos/as han pasado por tu casa para decirte algo. Transmíteselo a tu pareja.

1. Pilar: "El ascensor no funciona. ¿Puedes venir a ver qué pasa?"
2. Gustavo: "El lunes me mudo. Mañana os doy mi nueva dirección".
3. Elvira: "Esta tarde os traigo la lista de teléfonos de todos los vecinos por si la necesitáis".
4. Julio: "Mañana tengo libre y puedo llevar a vuestra hija a la escuela con el mío".
5. Rosa: "Los del segundo ponen la música muy alta y no puedo trabajar con tanto ruido".
6. José: "¿Os gustan las plantas? Quiero traeros una por cuidar a mi gato la semana pasada".
7. Laura y Pablo: "Nos vamos dos semanas a las Canarias. Si queréis, podéis usar nuestro garaje".
8. Adriana: "Mañana hago una cena en mi casa, ¿os apetece venir?"

1. Pilar ha dicho que el ascensor no funciona y me ha preguntado si puedo ir a ver qué pasa.

3 MANERAS DE VIVIR

7 En el Museo Dalí en Figueras. Lee los comentarios de los visitantes y complétalos con los siguientes verbos en indicativo o subjuntivo.

| apagar | comprar | observar | ocupar | pedir | poder | tener |

1. Me han dicho que la exposición _____ tres pisos completos, ¡es enorme!
2. Mi profesora dice que _____ (nosotros/as) bien el edificio porque es famoso por su arquitectura original.
3. Mi hermano ha dicho que _____ (yo) la audioguía en la recepción. Dice que es muy interesante.
4. Me han dicho en la taquilla que _____ (nosotros/as) tomar fotos de los cuadros, pero sin *flash*.
5. Ana, ¿no has escuchado? El vigilante nos ha dicho que _____ el móvil.
6. Tengo que ir a la tienda del museo porque mi hermana me ha dicho que _____ el catálogo de la exposición.
7. Mi hermano dice que en la cafetería del museo _____ unos pasteles exquisitos, ¿vamos a ver?

8 a. Lee el correo que ha escrito Sara Martín a una agencia inmobiliaria. Después, completa el mensaje con la información que aparece en negrita.

> Mensaje nuevo
>
> Asunto: Granja de Arguita
> Estimados señores:
> Hemos leído el anuncio de la granja en Arguita en su página web y estamos interesados en conocer algunos detalles. Esperamos que puedan ayudarnos. En su anuncio dicen que la granja mide 500 m², **¿incluyen el jardín y el huerto, o solo la casa? ¿Tiene varios pisos o es de una sola planta?** Respecto a la reforma, **¿tendríamos que hacer completamente nuevos los baños y la cocina, o solo renovarlos?** Además, en el anuncio no aparece el precio, **¿nos pueden hacer una oferta concreta?** Somos una familia grande y a mi marido y a mí nos gustaría cerrar este asunto enseguida, **¿cuándo podríamos visitarla?** Les agradecemos que nos contesten lo antes posible.
>
> Un saludo,
> Sara Martín

> Mensaje nuevo
>
> Hola, Pedro:
> Ya tenemos una familia interesada en la granja de Arguita, ¿puedes encargarte tú?
> Quieren saber _____
> y _____.
> Respecto a la reforma preguntan _____.
> Además les gustaría saber _____.
> Por cierto, dicen _____
> y preguntan _____.
>
> Gracias,
> Fernando

b. Lee lo que le dice Sara Martín a su marido después de leer la respuesta de la inmobiliaria y decide en cada caso si el verbo decir se usa para informar (I), para aconsejar (A) o para pedir (P).

1. [I] "Dicen que tendremos que reformar los baños, pero no la cocina".
2. [ ] "Dicen que podemos ver la granja este mismo viernes a las once".
3. [ ] "Dicen que vayamos en coche por la carretera N-211 y no por la principal".
4. [ ] "Dicen que seamos puntuales".
5. [ ] "Dicen que les demos nuestro teléfono móvil".

9 a. 🔊 17 – Escucha estas entrevistas y marca de qué aspectos hablan las personas.

☐ Salud ☐ Transportes ☐ Educación ☐ Medio ambiente
☐ Reciclaje ☐ Trabajo ☐ Ocio y tiempo libre

b. 🔊 17 – Escucha de nuevo y completa la tabla con lo que significa para cada persona tener calidad de vida.

GABRIELA	ALEJANDRA	SEÑOR MAYOR	PAREJA (ÉL)	PAREJA (ELLA)

10 a. Completa las opiniones de los/as entrevistados/as con las siguientes expresiones.

| está claro | piensa | está de acuerdo con | sin embargo | no cree | es de la misma opinión |

1. Gabriela _____ que lo importante es tener unas buenas condiciones laborales.
2. Alejandra _____ su amiga, pero opina que hay otros factores que influyen en el bienestar.
3. Para el señor mayor _____ que los servicios sanitarios tienen que estar cubiertos.
4. El señor de la pareja _____ que la calidad de vida esté en el dinero.
5. Su mujer _____ que él, _____ piensa que el dinero ayuda a vivir mejor.

b. Ordena las expresiones de **a** en las siguientes categorías. ¿Puedes añadir más?

EXPRESAR OPINIÓN	EXPRESAR ACUERDO	EXPRESAR DESACUERDO	CONTRAPONER OPINIONES

11 a. Lee las siguientes opiniones y elige la opción correcta para terminar cada frase.

1. No creo que en el futuro
2. En el futuro creo que

a. mucha gente viva en el campo.
b. mucha gente vivirá en las ciudades.

3. A mí, vivir en una ciudad pequeña me parece
4. A mí, vivir en una ciudad pequeña no me parece

c. que tenga muchas ventajas.
d. que tiene muchas ventajas.

5. Está claro que en las zonas rurales
6. Me parece injusto que en los pueblos

e. hay menos servicios que en las ciudades.
f. haya menos servicios que en las ciudades.

7. No es cierto que
8. Hay que admitir que

g. la vida en el campo es más aburrida.
h. la vida en el campo sea aburrida.

b. ¿Qué expresiones de **a** se usan con indicativo y cuáles con subjuntivo? ¿Puedes añadir más?

INDICATIVO	SUBJUNTIVO
Creo que...	No creo que...

3 MANERAS DE VIVIR

12 ¿Qué expresión no forma parte del grupo?

1.	¡No me digas!	¡Anda ya!	¡Qué bien!	¿En serio?
2.	¡Qué pena!	¡Qué lástima!	¡Qué ilusión!	¡Qué horror!
3.	¡Vaya!	¡Estupendo!	¡Qué suerte!	¡Cuánto me alegro!

13 Lee los siguientes comentarios y reacciona expresando acuerdo, duda o desacuerdo.

1. TODO EL MUNDO QUIERE VIVIR CERCA DE SU TRABAJO.
2. VIVIR EN UN BARRIO CERCA DEL CENTRO ES LA MEJOR OPCIÓN.
3. CUANDO TIENES NIÑOS PEQUEÑOS, LO MEJOR ES VIVIR EN EL CAMPO.
4. POR SUERTE LAS NUEVAS TECNOLOGÍAS NOS PERMITEN TRABAJAR DESDE CUALQUIER LUGAR.

1. Puede ser, pero...

14 Reaccionar con sorpresa, alegría o tristeza. Lee los comentarios y reacciona usando las expresiones de las etiquetas. Puede haber varias posibilidades.

¡Me hace mucha ilusión!	¡Qué pena!	¡No me digas!	¡Estupendo!	¡Qué fuerte!	¡Cuánto me alegro!
¡Qué bien!	¡Qué dices!	¡Qué mala suerte!	¡Qué curioso!	¡Qué alegría!	¡Anda ya!
¡Qué lástima!	¡No puede ser!	¡Vaya!	¡Increíble!	¡Qué tontería!	¿En serio?
¡Qué suerte!	¿De verdad?	¡No me lo puedo creer!	¡Cuánto lo siento!		

1. • ¡He aprobado el examen de Biología!
   ▪
2. • ¿Te has enterado de que Ana tuvo un accidente?
   ▪
3. • ¿Sabías que Óscar se casó con una chica mexicana y se fue a vivir a Puebla?
   ▪
4. • Hoy no habrá trenes, los han cancelado todos.
   ▪
5. • ¡Enhorabuena, acaba de ganar un viaje al Caribe!
   ▪
6. • ¿Sabías que ya no se puede circular por el centro en coche?
   ▪

15 a. ¿Qué aspectos relacionas con la ciudad (C), con el pueblo (P) o con ambos (A)?

- [ ] la contaminación
- [ ] las viviendas caras
- [ ] mucho ruido
- [ ] el aire puro y limpio
- [ ] la oferta cultural
- [ ] la huertas
- [ ] los servicios públicos
- [ ] el transporte público
- [ ] los espacios verdes
- [ ] la tranquilidad y el descanso
- [ ] muchas tiendas y negocios
- [ ] las placas solares
- [ ] la inseguridad
- [ ] mucho tráfico
- [ ] el contacto con vecinos
- [ ] la prisa y el estrés
- [ ] una amplia oferta de escuelas y guarderías

b. Y tú, ¿dónde vives: en una ciudad o en un pueblo? ¿Qué es lo que más te gusta? ¿Y lo que menos? Escribe un breve texto usando algunos de los elementos de a.

16 a. ¿Con cuáles de estas palabras o expresiones se puede describir una minicasa?

- céntrica
- prefabricada
- espacios amplios
- construcción sencilla
- de bajo coste
- acumulación de objetos
- uso inteligente del espacio
- de madera
- alto gasto de energía
- respeto al medio ambiente
- buena distribución del espacio
- gran cantidad de muebles
- tamaño reducido
- construcción ecológica

b. Luego escribe un anuncio para vender la casa de la foto.

17 a. Ana se muda a Buenos Aires. Lee las reacciones de sus amigos/as argentinos/as y marca los aspectos que se mencionan.

- el precio de la vivienda
- barrios donde vivir
- la seguridad
- la oferta cultural
- el transporte
- la vida nocturna

1. **María:** Tienes que vivir en Puerto Madero, una zona residencial maravillosa. Yo vivo cerca.
2. **José Luis:** ¡La vivienda es carísima! ¡Sobre todo la parte norte de Buenos Aires!
3. **Antonia:** Búscate un piso compartido, los alquileres son muy altos.
4. **Alejandra:** Un apartamento para ti sola no lo consigues por menos de 12 000 pesos.
5. **Nicolás:** ¡Alquila un apartamento en Palermo, una zona muy bien comunicada!
6. **Fernanda:** El subte funciona muy bien, pero yo te recomiendo que vayas en bici siempre que puedas.
7. **Juan Carlos:** ¡Bienvenida! Vas a vivir en una de las capitales mundiales de la cultura. ¡Te va a encantar!

b. Ahora transforma las frases al estilo indirecto usando la forma correcta del verbo.

18 Cotilleo en la oficina. Completa esta conversación con lo, lo de, lo que.

- ¿Te has enterado ya de _____ mi jefa?
- No. ¿Qué ha pasado?
- Que deja la empresa.
- ¡No me lo puedo creer! ¿Y nadie _____ sabía?
- No. Y eso es _____ más me sorprende.
- Y ¿por qué se irá?
- Pues, no sé, _____ extraño es que no ha dado ninguna explicación.
- Pues sí que es raro, no es _____ uno espera de una persona que lleva tantos años en una empresa.

3 MANERAS DE VIVIR

19 La casa de mi infancia. Completa el texto con los verbos adecuados en pretérito imperfecto, indefinido y pluscuamperfecto.

La casa donde crecí _era_ grande y _____ en las afueras de Palencia. La _____ mis abuelos cuando se casaron. Ellos _____ en la planta baja y nosotros en el primer piso. Yo _____ una habitación muy bonita desde donde se _____ el jardín. Lo que más me _____ de mi habitación _____ la pared de detrás de la cama. Mis padres la _____ de muchos colores, con pájaros, árboles y flores. De la casa no me _____ el sótano porque era oscuro y nunca _____ ir sola. Siempre _____ con mi hermano a buscar la mermelada que mi abuela _____ el verano anterior. En el último piso _____ un lugar para guardar cosas y a veces _____ allí a jugar.

20 En cada frase hay un error. Cambia las palabras en negrita por las correctas de la columna derecha.

1. **Es** claro que reciclar basura es fundamental para el medio ambiente.
2. No **supe** lo de que van a cerrar algunas fábricas por la contaminación.
3. No **soy** de acuerdo con lo de prohibir el tráfico en la ciudad.
4. Me gusta la tranquilidad, pero **al** otro lado no podría vivir lejos de todo.
5. ¡No me **dices**! ¡No sabía que Pedro y Luisa ya no están juntos!
6. Ya hemos comprado el armario, ahora lo tenemos que **construir**.
7. **La** que más me gusta de la cocina es el color.
8. A Juan no **se** parece bien que su hijo suspenda el examen.
9. **Está** cierto que vivir en el campo es más barato.
10. Dice mamá que **vayas** pronto a casa, te estamos esperando.

a. lo
b. estoy
c. vengas
d. digas
e. es
f. está
g. le
h. sabía
i. montar
j. por

21 La patata o papa. Completa la información que recuerdes sobre estos temas. Luego, lee de nuevo el texto de las páginas 50 y 51 de la Edición para estudiantes y corrige o completa la información.

1. El origen de la patata o papa.
2. La llegada a Europa y expansión.
3. Platos con papas.
4. La importancia actual de la patata.
5. Una curiosidad sobre la patata o papa.

MUNDO PROFESIONAL

22 a. Lee el contrato de alquiler de una vivienda y relaciona cada cláusula con su párrafo.

CONTRATO DE ARRENDAMIENTO DE VIVIENDA

En Madrid, a 05 de mayo de 2022

Luisa Pérez, con D.N.I. 1198765E, propietaria de la vivienda, y Pedro Díaz, con D.N.I. 6745890E, como inquilino, exponen que Pedro Díaz alquilará mediante este contrato la finca situada en la c/ Eras, n.º5 de Madrid a Luisa Pérez.

CLÁUSULAS

1. Duración del contrato
2. Gastos
3. Cancelación
4. Alquiler y fianza
5. Obras y reparaciones

☐ El inquilino deberá pagar los gastos de agua, electricidad y gas. La propietaria pagará la comunidad.

☐ El arrendamiento de la finca se acuerda por el precio de 700 euros mensuales, que se pagarán durante los cinco primeros días del mes. Antes de entrar a vivir, el inquilino debe abonar dos meses de fianza, que recuperará al finalizar el contrato si no ha causado daños en la vivienda.

☐ Este contrato es válido desde el 5 de mayo de 2022 hasta el 5 de mayo de 2023.

☐ El contrato se cancelará en caso de falta de pago de una mensualidad o de la fianza, o si en la vivienda tienen lugar actividades molestas o ilegales.

☐ La propietaria se compromete a pagar las reparaciones de los servicios que dejen de funcionar. El inquilino no podrá practicar obras en la vivienda sin permiso de la propietaria.

b. Relaciona cada palabra con su definición.

1. El / La inquilino/a
2. El / La propietario/a
3. El arrendamiento
4. Abonar
5. La fianza
6. Los gastos de comunidad

a. El coste del mantenimiento del edificio.
b. Pagar.
c. El dinero que se da como garantía.
d. La persona que alquila la vivienda.
e. El alquiler de una vivienda.
f. El / La dueño/a de la vivienda.

PRONUNCIAR BIEN

23 a. Palabras con y sin acento. Lee el texto y comenta las dudas en clase.

En general las palabras monosilábicas no llevan acento, aunque hay palabras de una sola sílaba que se escriben igual, pero tienen diferentes significados. Para distinguirlas se les pone la tilde.

de (preposición)	**dé** (verbo **dar**)	**se** (pronombre)	**sé** (verbo **saber**)
el (artículo)	**él** (pronombre)	**si** (conjunción)	**sí** (afirmación)
mi (posesivo)	**mí** (pronombre)	**tu** (posesivo)	**tú** (pronombre)

b. 🔊 18-20 – Marca las frases que escuchas.

1. ☐ ¡Sí, es el coche de Juan!
   ☐ ¡Si es el coche de Juan!
2. ☐ Que si llama hoy.
   ☐ Que sí llama hoy.
3. ☐ Tu mamá llega hoy.
   ☐ Tú, mamá llega hoy.

3 MANERAS DE VIVIR

AUTOEVALUACIÓN

YA SÉ…

… **hablar de ventajas y desventajas:**
Lo mejor de mi casa es _____.
Lo malo es que _____.

… **contraponer opiniones:**
Es cierto, pero _____. Además _____.

… **hablar sobre tareas domésticas:**
Los sábados _____ la aspiradora, _____ la lavadora y _____ las plantas.

… **presentar argumentos y reaccionar ante ellos:**
Pienso que _____.
Pues yo no creo que _____.

… **transmitir informaciones y preguntas:**
Mi vecino dice que _____.
Mi vecino pregunta si _____.

… **transmitir peticiones:**
Mi amiga dice que la llame y que _____.

… **presentar una información sorprendente y reaccionar:**
- ¿Te has enterado de que _____?
- ¡No me _____!

… **usar el estilo directo e indirecto:**
"Te llamo". → Dice que _____.
"¿Vienes?". → Pregunta si _____.

… **valorar o negar una opinión con indicativo o subjuntivo:**
Creo que las mujeres _____. No es verdad que _____.

… **transmitir palabras de otros con indicativo o subjuntivo:**
Mamá ha dicho que cenamos a las ocho y que _____ puntuales.

… **usar lo de:**
¿Sabes que Luis se muda de casa?: ¿Sabes _____ Luis?

4 MIRADOR
Unidad de repaso

1 Lee este correo electrónico y marca las opciones correctas.

> Mensaje nuevo
>
> Querida Amalia:
>
> ¿Cómo estás? Muchas gracias por escribirme. Claro que sigo [1] muchas ganas de visitarte y te agradezco mucho la invitación. ¿ [2] enterado? Estoy trabajando en un sitio nuevo [3] la semana pasada y la verdad es que no sé [4] tendré vacaciones antes de Navidad. Pero bueno, ¿sabes [5] Antonio? Él y Marta se han comprado un [6] en las afueras y se casan el 8 de octubre. ¿Te ha llegado ya la invitación? No te cuento más, prefiero que él te [7] para contarte más detalles, aunque supongo que ahora está muy [8] con los preparativos. Mira, con la excusa de la boda, espero que nos [9] antes de lo que creíamos. Te recomiendo que [10] pronto un billete de avión; he mirado y están subiendo los precios.
> Muchos besos,
> Gabriel

1. ☐ teniendo
    ☐ tener
    ☐ a tener
2. ☐ Has
    ☐ Te has
    ☐ Eres
3. ☐ hace
    ☐ desde
    ☐ hasta
4. ☐ que
    ☐ si
    ☐ como
5. ☐ lo de
    ☐ de
    ☐ lo que
6. ☐ casa
    ☐ adosado
    ☐ granja
7. ☐ escribe
    ☐ escriba
    ☐ escribirá
8. ☐ ocupado
    ☐ lleno
    ☐ estropeado
9. ☐ veamos
    ☐ vemos
    ☐ veíamos
10. ☐ busco
    ☐ busques
    ☐ buscas

2 🔊 21 - Lee las siguientes frases. Luego escucha una conversación sobre los resultados de una encuesta sobre la calidad de vida en España y marca si las frases son verdaderas (V) o falsas (F). Escucha una segunda vez y comprueba.

1. ☐ Según la encuesta, el dinero y el trabajo aumentan la satisfacción.
2. ☐ Hoy en día, para los/as españoles/as lo más importante es tener una vivienda propia.
3. ☐ En la encuesta anterior más de la mitad de los/as jóvenes entre 25 y 30 años vivía con sus padres.
4. ☐ Los/as españoles/as, si tienen problemas, piden ayuda en primer lugar a la familia.
5. ☐ Según la encuesta, los hombres pasan 18 horas semanales cocinando y haciendo tareas de la casa.
6. ☐ Casi el 50 % de los/as españoles/as está muy cansado al volver del trabajo.
7. ☐ Actualmente, los/as españoles/as tienen más estrés sobre todo por sus relaciones de pareja.
8. ☐ La crisis también ha afectado a la alimentación de muchos/as españoles/as.

4 MIRADOR

3 Relaciona lo que busca cada una de estas cuatro personas con los anuncios de abajo. Hay cuatro anuncios que sobran.

☐ Necesito mejorar mi inglés a partir del otoño. En el despacho de abogados donde trabajo están entrando muchos clientes extranjeros y tengo problemas con el vocabulario específico de este campo.

☐ Trabajo toda la semana y el fin de semana me apetecería pasar tiempo con mi niña de tres años y hacer algo creativo que nos guste a los dos.

☐ Mi mujer y yo estamos buscando un plan para mañana, alguna excursión para salir de casa. Nos encanta montar en bicicleta. Si nos movemos, ¡mucho mejor!

☐ Soy profesora de instituto y quiero saber qué actividades de formación ambiental hay en mi ciudad para formarme yo y también concienciar a mis estudiantes de la importancia de cuidar la naturaleza.

---

1 PROGRAMA JOVEN. Mediante divertidas actividades los jóvenes (12-18 años) aprenden inglés compartiendo las cosas que les interesan. Una oportunidad para hacer amigos al aprender otro idioma. Clases de hasta ocho estudiantes. De septiembre a junio durante la semana.

2 EN BUSCA DE LOS VALORES PERDIDOS. El Consejo de Protección de la Naturaleza de Aragón organiza un ciclo sobre los desafíos actuales de la educación ambiental. Conferencias, mesas redondas y talleres. Actividad gratuita.

3 INGLÉS PARA TI. Abierto ya el plazo de inscripción para los cursos de inglés general y para fines específicos que se imparten cada año de octubre a junio. Ideal para profundizar o refrescar conocimientos. También conversación y pronunciación. Consultar aquí horarios.

4 TURISMO IDIOMÁTICO. ¿Ganas de viajar? Los cursos de inmersión para adultos que organiza el ayuntamiento de Zaragoza cada verano son una oportunidad para aprender viajando. Alojamiento en familia o residencia. El paquete incluye vuelo, estancia, clases y actividades culturales.

5 MÚSICA Y MOVIMIENTO. Estos talleres tienen como objetivo acercar la música a las edades más tempranas, con un aprendizaje lúdico y socializador que favorece la creatividad y expresión de las emociones. Niños de 2 a 4 años acompañados. Sábados de 11:00 a 12:00, de octubre a junio.

6 IMAGINAR Y CREAR. Desarrolle su creatividad y estilo propio. Este taller de dibujo está abierto a todos aquellos adultos que quieran iniciarse en esta disciplina como medio de expresión. Las sesiones se desarrollarán en grupos de diferentes edades. Jueves de 18:30 a 20:00, de octubre a junio.

7 NATURALEZA Y VIDA. Disfrute de nuevas experiencias sin tener que dar la vuelta al mundo. Durante los meses de verano el Área de Medio Ambiente organiza excursiones de un día durante el fin de semana para conocer entornos con interés medioambiental; rutas de senderismo, en bici y observación de aves. Mayores de 9 años.

8 ZARAGOZA HISTÓRICA. Conozca la Zaragoza romana y la renacentista, no se pierda los rincones preferidos de Goya o descubra las huellas del pueblo mudéjar en las calles y plazas. También para familias, personas con discapacidad o amantes de las bicis. Reservas con 48 horas de antelación. Sábados todo el año.

---

4 El centro cultural de tu barrio pide la colaboración de los usuarios para mejorar su oferta de cursos para el año que viene. Escribe un texto al centro explicando qué tipo de curso te interesa. En el texto tienes que:

- explicar los motivos por los que te interesa el curso.
- hablar de tu experiencia de aprendizaje previa.
- explicar cuáles son tus habilidades y tus dificultades.
- aclarar qué expectativas generales tienes acerca del curso.

5 ¿PAPEL O PANTALLA?

Comunicación
- Hablar de libros y películas
- Ordenar, añadir y contraponer ideas
- Expresar probabilidad
- Hablar de hechos terminados en el futuro
- **MUNDO PROFESIONAL** Un anuncio

Léxico
- Libros y películas
- El libro digital
- Géneros literarios y cinematográficos

Gramática
- La voz pasiva
- La pasiva refleja: **se** + 3.ª persona
- **Estar** + participio
- El futuro perfecto
- **PRONUNCIAR BIEN** Palabras con la misma pronunciación y escritura diferente

Cultura
- *Entre dos aguas*, de Rosa Ribas
- **Vídeo 4** Series, películas y libros
- **CON SABOR** El maíz

1 **a.** ¿Estos libros son de ficción (F) o de no ficción (N)? Clasifícalos.

- novela fantástica
- biografía
- novela de terror
- guía de viajes
- libro de cocina
- novela policíaca
- novela de ciencia ficción
- manual de español
- enciclopedia
- antología poética
- novela de aventuras
- cómic
- novela histórica
- libro de autoayuda
- novela de amor
- diccionario
- libro de arte
- libro de divulgación científica

b. Elige tres tipologías de texto de **a** y busca ejemplos de publicaciones escritas en español. Haz tres fichas e incluye el título, el/la autor/a y un breve resumen.

---

2 Completa con los verbos y los nombres correspondientes.

NOMBRE	VERBO	VERBO	NOMBRE
la publicación	*publicar*	estrenar	
la interpretación		premiar	
la traducción		protagonizar	
el lanzamiento		dirigir	
la corrección		actuar	
la colección		inventar	

5 ¿PAPEL O PANTALLA?

3 Lee el resumen de la película española *Volver* y completa la ficha.

Es la historia de tres generaciones de mujeres —la abuela (Carmen Maura), sus hijas, Sole (Lola Dueñas) y Raimunda (Penélope Cruz), y la nieta (Yohana Cobo)— que se reencuentran en Almagro, un pueblo de la Mancha, y que sobreviven al viento, al fuego e incluso a la muerte con fuerza y amor. El director, Pedro Almodóvar, que también escribió el guion, vuelve con esta comedia al universo femenino y a la Mancha, donde sus personajes conviven con los muertos que, según él, "nunca mueren". La excelente música de Alberto Iglesias, que nos permite disfrutar de un tango cantado por Raimunda, y la fotografía de José Luis Alcaine completan este equipo excepcional.

País:
Guion:
Actores:
Fotografía:
Dirección:
Género:
Personajes:
Música:

4 Completa los siguientes datos sobre la lectura con el verbo adecuado en el tiempo correspondiente.

| vender | ~~representar~~ | dedicar | prohibir | leer | seguir | poder |

1. Cuando leemos, las palabras se _representan_ como imágenes en nuestro cerebro. Cada segundo leemos unas 27 palabras, es decir, cada minuto se .... leer hasta 1620 palabras.

2. La India es el país donde más tiempo se .... a la lectura; le sigue Tailandia y China.

3. Actualmente la gente .... sobre todo libros de fantasía y novelas históricas.

4. *El señor de los anillos* es el libro que más se .... desde su publicación en 1954 hasta ahora.

5. Por desgracia, muchos libros se .... a lo largo de la historia. Por ejemplo, *Alicia en el país de las maravillas* no puede leerse en China desde 1931 por mostrar animales hablando.

6. Aunque muchas personas compran *e-books*, los libros de bolsillo son los que más se .... vendiendo, con un 45 % de las ventas en todo el mundo.

5 a. Aquí tienes algunas informaciones sobre literatura latinoamericana. Transforma las frases utilizando la voz pasiva.

1. En 1950 publican la obra *Canto general* del escritor chileno Pablo Neruda.
2. Traducen la novela *Cien años de soledad*, del colombiano Gabriel García Márquez, a 47 idiomas.
3. En 2010 la Academia sueca entrega el Premio Nobel de Literatura a Mario Vargas Llosa.
4. En 1992 llevan a la pantalla la novela *Como agua para chocolate*, de la mexicana Laura Esquivel.
5. En 2010 reconocen en Chile la obra de Isabel Allende con el Premio Nacional de Literatura.
6. Anuncian para septiembre las obras completas del escritor argentino Jorge Luis Borges.
7. En 2007 Marita Troiano funda en Perú la editorial de poesía Carpe Diem.
8. En 2020 la editorial Siglo XXI publica el libro *Guatemala*, del uruguayo Eduardo Galeano.

1. La obra Canto general, del escritor chileno Pablo Neruda, es publicada en 1950.

b. Ahora escribe las frases usando la forma impersonal con *se*.

1. En 1950 se publica la obra Canto general, del escritor chileno Pablo Neruda.

6 Lee las siguientes noticias y transforma las frases utilizando la voz pasiva, la pasiva refleja o *estar* + participio.

1. El pasado 1 de agosto la compañía Factoría Teatro **estrenó** en Madrid *Medida por medida*. El director, Emilio del Valle, **ha adaptado** este drama de William Shakespeare.
2. Antonio Muñoz Molina **ha presentado** en el auditorio de Telefónica su última novela, *Un andar solitario entre la gente*. Edgar Allan Poe, Charles Baudelaire y James Joyce **protagonizan** esta historia inspirada en la técnica del *collage*.
3. El pasado 5 de agosto el ayuntamiento de Huesca **organizó** el XXVII Festival Internacional del Camino de Santiago, especializado en música antigua, cristiana, musulmana y hebrea. La organización **programó** los conciertos en los monumentos del Camino de Santiago.
4. La última película del director iraní Asghar Farhadi, *Todos lo saben*, **abrirá** el Festival de Cannes este año. Más de diez millones de personas **verán** la película.

1. Medida por medida fue estrenada por la compañía Factoría Teatro el 1 de agosto. La obra ha sido adaptada por su director, Emilio del Valle.

7 Relaciona las dos columnas para formar oraciones. Después, transfórmalas usando *estar* + participio.

1. *El principito*, de Saint Exupéry, ha sido traducido
2. Cervantes se inspiró en un familiar
3. *La historia interminable*, de Michael Ende, se imprime
4. *Alicia en el país de las maravillas* se prohíbe
5. Antonio Muñoz Molina ya ha terminado

a. en dos colores, rojo y verde.
b. para crear la figura del Quijote.
c. en China desde 1931.
d. su última novela.
e. a más de 250 idiomas. [1]

1. El principito, de Saint Exupéry, está traducido a más de 250 idiomas.

5 ¿PAPEL O PANTALLA?

8 Transforma las frases según el modelo, comenzando con las palabras en negrita.

1. Muchos directores de cine han elegido **las calles de Madrid** para filmar sus películas.
2. Milos Forman recreó **la atmósfera del siglo XVIII** en el Parque del Retiro para rodar *Los fantasmas de Goya*.
3. Alejandro Amenábar usó **la Gran Vía** para la película *Abre los ojos*.
4. Álex de la Iglesia filmó **una escena de *El día de la bestia*** en el Edificio Carrión de la Gran Vía.
5. Achero Mañas creó **las escenas inolvidables de *Noviembre*** en la calle Preciados de Madrid.
6. Fernando León de Aranoa filmó **la película *Princesas*** en el barrio madrileño de Malasaña.
7. Montxo Armendáriz presentó **las *Historias del Kronen*** en el Paseo de la Castellana.
8. Almodóvar reprodujo **la vida en los barrios de Madrid** en la película *Volver*.

1. Las calles de Madrid han sido elegidas por muchos directores de cine para filmar sus películas.

9 a. Lee la presentación de la novela *Entre dos aguas*, de Rosa Ribas, y luego completa la ficha con los datos del caso.

En la ciudad de Fráncfort aparece el cadáver de un hombre debajo de uno de los puentes del río Meno. La comisaria Cornelia Weber-Tejedor, hija de padre alemán y madre española, tiene que investigar el caso y descubre que la persona ha sido asesinada. Se trata de Marcelino Soto, un español muy querido por la comunidad española en Fráncfort.
Durante la investigación la comisaria tendrá que resolver problemas que van más allá de su trabajo y enfrentarse al conflicto entre sus obligaciones como policía alemana y la solidaridad con la comunidad española.
Entre dos aguas no solo es una novela policíaca, sino también un retrato de la emigración económica de los años 60 y 70 en Alemania y de la sociedad multicultural actual.

Datos del caso
Nombre de la persona asesinada: _____
Nacionalidad: _____
Ciudad del asesinato: _____
Lugar: _____
Nombre de la comisaria al cargo: _____
Nacionalidad: _____

b. Ahora, ordena los párrafos de esta reseña sobre la novela.

Reseña // **Entre dos aguas**

[ ] Pero no solo la ciudad está muy bien descrita. Los protagonistas están construidos con gran maestría y resultan muy reales. La detective Weber-Tejedor es muy humana y los personajes secundarios son heterogéneos, ricos y atractivos.

[ ] Además, el trabajo de ambientación me ha parecido excelente. Leer esta novela es como contemplar un cuadro lleno de contrastes. La propia ciudad de Fráncfort está llena de ellos, con su río y sus tradicionales casas junto a los modernos y enormes edificios.

[1] Hoy os traigo una lectura imprescindible para el verano: una novela policíaca con una protagonista algo especial, Cornelia Weber-Tejedor. Se titula *Entre dos aguas* y está escrita por Rosa Ribas.

[ ] En primer lugar, me ha impresionado la calidad de la novela, que cuenta una historia entretenida y ligera, pero con un interesante trasfondo social (diferencias culturales, xenofobia, homofobia…).

[ ] En resumen, una novela que te atrapa desde la primera frase. Es el primer libro de Rosa Ribas que leo, pero no será el último. Recomendable.

10 Lee estas opiniones y complétalas con estos conectores. En algunos casos hay varias posibilidades. Luego, marca las opiniones que compartes.

| además | en primer lugar | en cambio, | en segundo lugar | mientras que |
| no solo | por último | pero | sin embargo | sino que |

- Yo prefiero ver las películas en el cine. Mis motivos son claros: _____ el precio de las entradas no es muy alto, _____ la pantalla grande no se puede comparar con la tele en casa y _____ para mí el cine sigue siendo un lugar muy especial. ☐
- Estoy de acuerdo contigo, _____ el precio no es tan barato como tú dices, _____ una película de internet sí es barata y la puedes ver más de una vez. ☐
- Es verdad, bajar películas de internet _____ es más barato, _____ también es muy cómodo. _____ reconozco que el cine ofrece una experiencia única. ☐
- Sí, y _____ tiene una función social muy importante porque normalmente vas con amigos y después comentas la película con ellos, tomando algo, _____ verla en la pantalla del ordenador es una actividad muy individual. ☐

11 ¿Te gustan los cines de verano al aire libre? ¿Por qué? Escribe algunas opiniones a favor y en contra. Utiliza los conectores.

12 Completa el crucigrama con el futuro simple. En las casillas marcadas se esconde el apellido de un conocido actor español.

1. poder (vosotros)
2. saber (tú)
3. hacer (usted)
4. salir (ustedes)
5. tener (nosotros)
6. decir (tú)
7. querer (yo)
8. permitir (ellos)

Solución: _____

13 Completa con la forma del futuro perfecto del verbo haber y las de los participios.

	HABER	PARTICIPIO PERFECTO	PARTICIPIO IRREGULAR
yo	habr**é**	public**ado** ten_____ dirig_____	hacer → hecho romper → _____ escribir → _____ morir → _____ volver → _____ decir → _____ ver → _____ descubrir → _____
tú	habr_____		
él, ella, usted	habr_____		
nosotros, nosotras	habr_____		
vosotros, vosotras	habr**éis**		
ellos, ellas, ustedes	habr_____		

5 ¿PAPEL O PANTALLA?

14 Lee lo que piensa Mae sobre lo que habrá pasado en su vida en el año 2035. Completa con los verbos en futuro perfecto.

| viajar | comprarse | conocer | empezar | ganar | realizarse | terminar |

1. En 2035 ya _habré viajado_ por todo el mundo y _____ a mucha gente interesante.
2. El año que viene voy a estudiar Medicina, pero en 2035 _____ los estudios.
3. En esa época seguro que ya _____ una casa o un piso bonito.
4. Seguro que mis sobrinos ya _____ a estudiar en la universidad.
5. En 2035 _____ suficiente dinero para invertir en algún proyecto personal.
6. Yo creo que en 2035 muchos de mis sueños _____.

15 a. Completa estas opiniones sobre el futuro del cine con las frases de abajo.

1. En los próximos años la tecnología y las plataformas de *streaming*...
2. Seguramente en los cines...
3. La tecnología...
4. En el 2030 los cines ya...
5. En el futuro los/as espectadores/as...

- **a.** ☐ serán interactivos.
- **b.** ☐ podrán vivir experiencias únicas.
- **c.** ☐ será más barata y nadie querrá pagar una entrada de cine.
- **d.** ☐ habrá efectos, como olores, movimientos y temperatura.
- **e.** ☐ cambiarán completamente la forma de consumir películas y series.

b. 🔊 22-25 – Escucha a cuatro personas y marca si, según sus argumentos, para ellas el cine tiene futuro o no.

	1	2	3	4
SÍ, EL CINE TIENE FUTURO	☐	☐	☐	☐
NO, EL CINE NO TIENE FUTURO	☐	☐	☐	☐

c. 🔊 22-25 – Escucha otra vez y escribe el número del comentario en el que se mencionan estas ideas.

- ☐ Las profesiones relacionadas con el cine desaparecerán.
- ☐ Las nuevas tecnologías transformarán la experiencia de ir al cine.
- ☐ En el futuro, el cine no será una actividad de ocio para todos los públicos.
- ☐ Habrá que pagar para ver cine desde el salón de casa.

16 Relaciona las frases con las explicaciones del mismo significado.

1. En el año 2040 los cines habrán desaparecido.
2. En el año 2040 los cines desaparecerán.

a. Los cines desaparecerán durante el año 2040.
b. En el año 2040 ya no habrá cines.

3. El 1 de mayo Nesflis habrá estrenado dos series.
4. En mayo Nesflis estrenará dos series.

a. Ya podremos ver las dos series antes de mayo.
b. Las dos series se podrán ver en mayo.

5. Durante este mes de marzo Almodóvar terminará su última película.
6. ¿Mañana es 1 de marzo? Pues entonces Almodóvar ya habrá terminado su última película.

a. Seguramente la película ya está terminada.
b. La película todavía no está terminada.

7. El año que viene se habrá prohibido comer en el cine.
8. El año que viene se prohibirá comer en el cine.

a. El año que viene ya no se podrá consumir nada en el cine.
b. A lo largo del año que viene se aprobará una ley para prohibir la comida en el cine.

17 a. ¿Cuáles de las expresiones de las etiquetas se usan para dar una opinión y cuáles aluden a una probabilidad? Completa la tabla. ¿Podrías añadir alguna más?

| en mi opinión | seguramente | estoy convencido/a de que | es evidente que | a lo mejor |

OPINIÓN	PROBABILIDAD

b. Lee ahora el inicio de este artículo de opinión y responde, según lo que piensas, a las preguntas que se formulan en el texto. Utiliza las expresiones de opinión y probabilidad de a.

El futuro del libro en la era digital

La rápida implantación internacional y en España de todo tipo de dispositivos inteligentes, como tabletas, móviles táctiles, etc., está transformando los hábitos de acceso a la cultura, la información y el ocio de muchas personas. En este contexto de cambio acelerado, muchos profesionales del mundo del libro nos estamos preguntando cómo será el sector en el siglo XXI. ¿Tiene sentido tener librerías y bibliotecas físicas en la era digital? ¿Seguirá siendo el texto el principal lenguaje para contar una historia? ¿Qué otros formatos (audio, vídeo, imágenes, etc.) se utilizarán con ese fin? Ante el creciente auge de la autoedición, ¿qué valor añadido tiene una editorial en este nuevo mundo?

Adaptado de telos.fundaciontelefonica.com (Javier Celaya)

5 ¿PAPEL O PANTALLA?

18 En el vídeo "Series, películas y libros" de la Edición para estudiantes las personas entrevistadas responden a tres preguntas. Reproduce el vídeo de nuevo si lo necesitas y, después, responde a las preguntas en función de tu experiencia.

1. ¿Eres más de películas, series o libros? ¿Por qué?
2. ¿Cuándo, dónde y con quién ves series o películas? ¿Cuándo y dónde lees?
3. ¿Qué tipo de historias o temas te interesan más?

19 En cada frase hay un error. Cambia las palabras en negrita por las correctas de la columna derecha.

1. Este año se **ha** publicado muchas novelas policíacas.
2. La película **se** trata de una historia entre dos amigas de la infancia.
3. En **primero** lugar voy a hacer un resumen de la novela.
4. Dentro de unos años ya no **habrán** libros impresos.
5. En unos años las películas violentas se habrán **prohibidas**.
6. La película **es** basada en la novela del mismo nombre.
7. Banderas no solo es un buen actor, **pero** también un gran director.
8. La obra de teatro ha sido representada **para** varias compañías.
9. Algunas obras de Lewis Carroll están **prohibido** en algunos países.
10. A mí me gusta ver películas en casa, **a** cambio a mi novio no.

a. está
b. prohibidas
c. en
d. —
e. por
f. sino
g. prohibido
h. habrá
i. primer
j. han

20 Lee de nuevo el texto sobre el maíz en las páginas 68 y 69 de la Edición para estudiantes y marca en cada caso la opción incorrecta.

1. Algunos de los platos típicos de la gastronomía latinoamericana hechos con maíz son
   - las arepas.
   - los tacos.
   - las empanadas.

2. El maíz se utiliza para fabricar determinados productos como
   - ventanas.
   - pintalabios.
   - papel.

3. El maíz jugó un papel fundamental en las creencias religiosas de las civilizaciones
   - maya.
   - inca.
   - azteca.

4. En algunos países el maíz se conoce también como
   - sémola.
   - elote.
   - choclo.

MUNDO PROFESIONAL

21 a. Relaciona cada actividad con el verbo adecuado. Después, escribe el nombre correspondiente.

ACTIVIDAD	VERBO	NOMBRE
1. decorar un texto con dibujos	a. publicar	
2. "reparar" los errores	b. imprimir	
3. repartir un producto para venderlo	c. crear	
4. hacer, inventar	d. corregir	
5. hacer imprimir una obra o un texto	e. distribuir	
6. trasladar al papel un texto o un dibujo	f. ilustrar	

b. Lee el siguiente anuncio y marca si las frases son verdaderas (V) o falsas (F).

¿Necesita crear documentos atractivos para su empresa? ¿No tiene suficiente tiempo? ¿No conoce bien el proceso de edición y publicación? Nosotros le ayudamos.

LETRAS Y MUCHO MÁS ofrece una amplia variedad de servicios editoriales dirigidos a empresas para hacer todo tipo de publicaciones (catálogos, folletos, protocolos, etc.). Nos encargamos de todo el proceso de edición del texto, desde la creación hasta la impresión y distribución final.

ANÁLISIS Y CORRECCIÓN DEL MANUSCRITO
Leemos su obra y le ayudamos con el estilo y la ortografía.

MAQUETACIÓN
¿En papel o en formato digital? Nos encargamos de todo el trabajo.

ILUSTRACIÓN
Le ponemos en contacto con uno de nuestros ilustradores. Visite nuestra galería y elija.

1. ☐ LETRAS Y MUCHO MÁS ayuda a crear, editar y publicar textos.
2. ☐ LETRAS Y MUCHO MÁS tiene un banco de fotografías disponible para sus clientes.
3. ☐ LETRAS Y MUCHO MÁS ofrece un servicio de traducción.
4. ☐ LETRAS Y MUCHO MÁS ha sido creada con el objetivo de servir a otras empresas.

PRONUNCIAR BIEN

22 a. Palabras con la misma pronunciación y escritura diferente. Lee el texto y comenta las dudas en clase.

Seguramente habrás notado que algunas palabras en español se escriben diferente, pero se pronuncian igual. Por ejemplo: **sino - si no**; **también - tan bien**; **mediodía - medio día**; **haber - a ver**; **hola - ola**; **tubo - tuvo**; **echo - hecho**; **(los) bienes - vienes**.
Según el contexto quedará claro el significado de la palabra.

b. 26 – Escucha el diálogo y complétalo con la palabra correcta en cada caso.

- Marcelo, ¿cuándo _____, entonces?
- Llego mañana, así que a _____ podemos quedar en tu oficina.
- Vale, _____ si eres puntual, ¿eh?
- ¡Pero si yo siempre lo soy! ¡_____ me crees, pregunta a tus compañeros en la oficina!
- Era una broma. Oye, ya has _____ las correcciones en el documento que te pedimos, ¿verdad?
- Sí, pero estaba _____ que no he tenido que retocar casi nada.

5 ¿PAPEL O PANTALLA?

AUTOEVALUACIÓN

YA SÉ...

... hablar sobre libros y películas:
Es una novela _____. Javier Bardem es _____.

... ordenar ideas:
En primer lugar _____, en _____, por _____.

... añadir ideas:
No solo _____, sino (que) también _____.

... contraponer ideas:
Por una parte _____, por otra _____.

... expresar posibilidad:
Creo que el sábado _____. Probablemente _____.

... hablar de hechos terminados en el futuro:
En 10 años _____ los estudios y _____.

... usar la voz pasiva:
Publicaron la novela en mayo. La novela _____ en mayo.

... usar la pasiva refleja:
Construyeron la casa en 2010. La casa _____ en 2010.

... usar el verbo estar con el participio perfecto:
He cerrado la puerta. Ahora la puerta _____.

... usar el futuro perfecto:
Terminaré mi trabajo a las cinco. → A las seis ya _____ mi trabajo.

6 UN MUNDO DE SENSACIONES

Comunicación
- Hablar de los cinco sentidos
- Describir un objeto a través de los sentidos
- Expresar (des)agrado
- Hablar de comida
- **MUNDO PROFESIONAL** Empresas multinacionales

Léxico
- Los sentidos
- Forma y textura
- Percepciones
- La música
- Gustos y comida
- Los ingredientes y sus variantes

Gramática
- Los verbos irregulares **oler**, **oír** y **sonar**
- Frases relativas con preposición
- Expresar causa, fin y consecuencia: **para** (**que**), **por**, **porque**, **como**, **así que**
- Expresar impersonalidad
- **PRONUNCIAR BIEN** Cambios ortográficos en los verbos

Cultura
- La comida peruana
- **CON SABOR** El vino

---

1 ¿A qué palabras corresponden las siguientes definiciones? ¿Cuál es la solución?

1. Sentido con el que reconocemos los sabores.
2. Parte externa del órgano del oído.
3. Podemos escucharlos gracias al oído.
4. Sentido que nos permite percibir el dolor.
5. Parte del cuerpo a través de la que sentimos el calor y el frío.
6. Sentido y también órgano que sirve para oír.
7. Sentido por el que identificamos los olores.
8. Sentido que nos informa sobre el color y la forma de las cosas.

Solución: ....

---

2 a. Forma parejas de contrarios con estos adjetivos.

| dulce | mojado/a | blando/a | sabroso/a | feo/a | oscuro/a | frío/a | limpio/a | ruidoso/a |
| seco/a | claro/a | bonito/a | soso/a | sucio/a | salado/a | silencioso/a | caliente | duro/a |

.... ↔ .... ↔ ....
.... ↔ .... ↔ ....
.... ↔ .... ↔ ....
.... ↔ .... ↔ ....
.... ↔ ....

6 UN MUNDO DE SENSACIONES

b. Clasifica los adjetivos de **a** según los sentidos con los que se percibe. Hay varias posibilidades.

VISTA	OÍDO	OLFATO	GUSTO	TACTO

3 ¿Qué característica tienen en común estos productos? ¿Puedes añadir algún producto más a cada grupo?

1.	manzana	vinagre	limón		→	ácido
2.	cerveza	café	almendras		→	
3.	helado	chocolate	azúcar		→	

4 ¿Qué palabra no forma parte del grupo? ¿Puedes sustituirla por una que sí?

1.	cocer	pelar	asar	saborear
2.	cerebro	equilibrio	lengua	dedo
3.	nacer	reproducirse	medir	morir
4.	choclo	chalé	papa	ají

5.	oler	ver	dar	oír
6.	lengua	vista	mano	nariz
7.	duro	rígido	blando	salado
8.	fresco	rosado	blanco	tinto

5 Haz el test y pon a prueba tus cinco sentidos.

¿Cuál es tu sentido más desarrollado: la vista, el oído, el gusto, el olfato o el tacto?

1. Estás delante de una pastelería.
- Percibes un olor maravilloso.
- Ves unas tartas que se comen con los ojos.
- En general, los pasteles te parecen demasiado dulces.

2. En tu nevera queda un poco de tortilla de hace dos días y no sabes si está en buen estado. Para saberlo...
- hueles la tortilla.
- pruebas un trozo muy pequeño.
- miras si ha cambiado de color.

3. Vas a comprar un regalo para el cumpleaños de una amiga. Te decides por...
- un disco de música relajante.
- un pañuelo de seda muy suave.
- una caja de bombones deliciosos.

4. Has decidido no comprarte un jersey porque...
- la lana te produce alergia.
- el olor a lana es demasiado fuerte.
- el color no te parece bonito.

5. Lo que más te molesta en un hotel es...
- el ruido del ascensor que está al lado.
- el calor que hace.
- el olor a ambientador en el pasillo.

6. En la radio ponen una canción que conoces.
- Piensas inmediatamente en el lugar al que te recuerda.
- Percibes el olor de aquel momento.
- Empiezas a bailar.

7. Cierra los ojos e intenta recordar tu infancia.
- Recuerdas el sabor de tu primer helado.
- Recuerdas la ropa y los zapatos que llevabas.
- Te acuerdas de las canciones de la escuela.

6 ¿En qué situaciones decimos estas expresiones relacionadas con los sentidos? Relaciona.

1. A cada persona le gusta una cosa diferente.
2. En un lugar hay silencio absoluto.
3. Estar cansado/a de algo.
4. No escuchar o no dar importancia a lo que otra persona dice.
5. Escuchar con atención lo que otra persona dice.
6. Enamorarse sin tener en cuenta las cosas negativas.
7. Saber quién es una persona, pero no haber hablado nunca con ella.
8. Tener ganas de comer algo que tiene muy buena pinta.

a. Ser todo/a oídos.
b. Estar hasta las narices.
c. El amor es ciego.
d. Conocerse de vista.
e. Sobre gustos no hay nada escrito.
f. No se oye una mosca.
g. Hacerse la boca agua.
h. Entrar por un oído y salir por el otro.

7 a. Las siguientes definiciones contienen la palabra sentido. Relaciona cada una con su explicación.

1. Tener un sexto sentido.
2. Poner los cinco sentidos en algo.
3. Tener sentido común.
4. Quitar el sentido a alguien.

a. Hacer algo con mucha atención y cuidado.
b. Ser una persona lógica y razonable.
c. Ser una persona intuitiva.
d. Impresionar positivamente a alguien.

b. Responde a estas preguntas y luego comenta tus respuestas con un/a compañero/a.

1. ¿Te consideras una persona intuitiva? ¿Por qué?
2. ¿Consideras que tienes un sexto sentido o que tienes uno de los cinco sentidos más desarrollado? ¿Por qué?
3. ¿En qué momento(s) pones tus cinco sentidos para hacer algo?

8 Conjuga estos verbos en el presente de indicativo. Recuerda que son irregulares.

	OLER	OÍR	SONAR
yo			
tú			
él, ella, usted			
nosotros, nosotras			
vosotros, vosotras			
ellos, ellas, ustedes			

9 Lee los diálogos y elige la opción correcta en cada caso.

1. • Mmm, ¡qué bien **huele / se oye**! ¿Qué estás cocinando?
   ■ Voy a hacer una tarta con dulce de leche. Es una crema que tiene **sabor / tacto** a caramelo. Te va a encantar, es muy **salada / dulce**.
   • ¡Qué buena pinta tiene! ¿Puedo **probarla / probármela**?

2. • ¿Qué es ese **ruido / sabor**? ¿Lo **tocas / oyes** tú también?
   ■ Uy, es la lavadora. La verdad es que no **suena / sabe** bien. Además, ¿no hay también **sabor / olor** a quemado?

6 UN MUNDO DE SENSACIONES

10 ¿De qué están hablando? Completa las definiciones con las palabras y expresiones de las etiquetas y relaciónalas con las palabras de la derecha. Luego, define las dos palabras que sobran.

| que | con el que | con la que | en el que | para el que | sin el que |

1. Es un plato .... necesitas patatas y huevos.
2. Es una bebida .... te mantienes despierto.
3. Es una sopa fría .... lleva tomate y pepino.
4. Es un objeto .... te limpias las manos y la boca después de comer.
5. Es un ingrediente .... es imposible hacer el vino.
6. Es un objeto .... pones café o té.
7. ....
8. ....

a. café
b. servilleta
c. gazpacho
d. cuchara
e. taza
f. tortilla
g. azúcar
h. uva

11 ¿Qué objeto es? Completa las definiciones usando pronombres relativos con preposición (con la que, al que, etc.). ¿De qué objeto se trata en cada caso? Relaciona.

1. Es un alimento .... es imposible preparar gazpacho.
2. Es un aparato .... tenemos todo: teléfonos, direcciones, citas, ¡todo!
3. Es un juguete .... me divertía mucho cuando era pequeño.
4. Es un objeto .... guardo las fotos de mi infancia.
5. Es un deporte .... me encanta jugar.
6. Es un objeto .... me olvidaría de todas mis citas porque tengo muy mala memoria.
7. Es una cosa .... le tengo mucho cariño porque me lo regaló mi abuela.
8. Es una fiesta .... se queman grandes esculturas de cartón.

- una agenda
- un móvil
- un espejo antiguo
- las Fallas
- una muñeca
- el tomate
- un álbum
- el tenis

12 a. ¿Conoces estas especialidades? Relaciona los elementos de las columnas.

1. La ensalada griega
2. La tortilla francesa
3. La paella valenciana
4. La crema catalana
5. El cocido madrileño
6. El arroz a la cubana

es un plato / una especialidad

que
en el que
en la que

lleva
se pone(n)

queso y aceitunas.
solo huevos.
plátano frito.
verdura y carne.
garbanzos y chorizo.
leche, huevo y azúcar.

b. ¿A qué especialidades de a corresponden estas imágenes?

c. Elige tres objetos de tu entorno y escribe una definición para cada uno.

La bicicleta es un medio de transporte con el que me muevo muy fácilmente por la ciudad.

13 **a.** Busca en la sopa de letras las formas del presente de indicativo de estos verbos.

1. reconocer (yo)
2. oler (nosotros)
3. sonar (él)
4. oír (tú)
5. sentir (usted)
6. crecer (yo)
7. probar (ellas)
8. oler (ella)
9. oír (yo)
10. nacer (vosotras)
11. poner (yo)
12. mantener (ustedes)

B	C	F	H	J	R	N	S	T
N	G	H	O	L	E	M	O	S
A	I	M	O	G	C	E	U	I
C	P	O	N	G	O	Z	K	E
E	E	S	U	E	N	A	H	N
I	I	O	I	G	O	N	U	T
S	L	M	O	I	Z	C	E	E
S	D	B	U	H	C	G	L	Y
C	R	E	Z	C	O	Y	E	S
P	R	U	E	B	A	N	Y	C
M	A	N	T	I	E	N	E	N

b. Clasifica algunas formas irregulares de **a** en los siguientes grupos (hay cuatro formas que no podrás clasificar).

C → ZC	N → NG	O → UE	E → IE
crezco			

14 Lee las frases y marca si expresan causa (CA), consecuencia (CO) o finalidad (F). Subraya los conectores correspondientes.

1. [F] Juana ha organizado una fiesta para celebrar su cincuenta cumpleaños.
2. [ ] Utilizo auriculares para escuchar música en el metro porque no quiero molestar.
3. [ ] Nos han dicho que el último día nos pasarán una encuesta para que valoremos el curso.
4. [ ] Estamos llegando a conclusiones importantes, de modo que a finales de mes tendremos el informe terminado.
5. [ ] Gracias a Paco de Lucía, el cajón se introdujo en Europa.
6. [ ] Ayer discutí con Jorge, así que hoy prefiero no ir a la cena.
7. [ ] Amalia está de vacaciones, por eso no te ha respondido a los mensajes. No te preocupes.
8. [ ] Como me gusta la música en directo, voy a muchos conciertos.
9. [ ] Le informamos de que no ha alcanzado los objetivos marcados. En consecuencia tendrá que repetir el examen o matricularse en otro curso.
10. [ ] Siento llegar tarde. Es que estaba en una reunión importante.
11. [ ] Para empezar el curso tienes que registrarte en la página y pagar la cuota.
12. [ ] Me encanta el flamenco sobre todo por su ritmo.

6 UN MUNDO DE SENSACIONES

15 a. Los pros y los contras de los zoológicos. Lee y completa estas opiniones con por o para en cada caso.

		JULIA	EDU
1.	La mayoría de la gente visita un zoológico solo _____ divertirse.	○	○
2.	La gente que trabaja en los zoos siente un gran amor _____ los animales.	○	○
3.	La mayoría de los animales de los zoos tienen problemas de comportamiento _____ estar encerrados.	○	○
4.	Ir a un zoo me parece bien porque sirve _____ informarse. De hecho, los zoológicos tienen una función educativa _____ el público en general.	○	○
5.	Me gusta ver un león de verdad y no solo conocerlo _____ fotos.	○	○
6.	Vivir en un zoológico es una tortura _____ muchos animales salvajes porque están encerrados.	○	○
7.	Los zoológicos hacen grandes esfuerzos _____ asegurar la conservación de algunas especies.	○	○
8.	Poca gente se interesa _____ el bienestar de los animales que viven en los zoos.	○	○

b. 🔊 27 - Ahora escucha este diálogo y marca en la tabla qué opinan Julia y Edu sobre los zoos. Y tú, ¿con cuál de las dos opiniones te identificas más?

16 a. Lee esta reseña sobre un documental de gastronomía y elige el título que mejor se adapte al contenido.

| Perú, la mejor cocina del mundo | Perú, destino gastronómico | Perú, una nueva realidad social |

El chef español Ferran Adrià y el peruano Gastón Acurio están convencidos de que la gastronomía puede favorecer el cambio socioeconómico en Perú. Por eso, y gracias a dos productoras de cine, en 2011 ambos cocineros decidieron unirse para crear el documental *Perú sabe: la cocina, arma social*. La película es el resultado de un viaje por Perú que Adrià realizó en compañía de Gastón Acurio porque quería conocer el origen, desarrollo y estado actual de la cocina peruana. El cocinero español quedó impresionado al encontrar un país donde más jóvenes se interesan por la cocina que por el fútbol, así que quiso mostrar al mundo las transformaciones que Perú está experimentando. En la película se pueden ver desde plantaciones agrícolas que han cambiado el cultivo de cocaína por el del cacao hasta miles de jóvenes sin recursos que estudian en uno de los barrios más pobres de Lima para hacer de la cocina una profesión.

b. Lee de nuevo la reseña y busca las expresiones de causa, consecuencia y finalidad.

CAUSA	CONSECUENCIA	FINALIDAD

17 Lee las siguientes iniciativas y completa las frases con la forma correcta de los verbos de las etiquetas.

| avisar | tener | subir | dar | facilitar | disfrutar | bajar | interactuar | cruzar |

1. Un diseñador británico ha desarrollado unos semáforos para que los ancianos y personas con discapacidad _____ más tiempo para _____ la calle.
2. Estudiantes de la universidad de Zúrich han inventado una silla de ruedas para que las personas con movilidad reducida _____ y _____ escaleras de manera autónoma.
3. El robot Braxter ha sido creado para _____ con las personas ciegas.
4. Una estudiante británica ha inventado una pulsera inteligente para que _____ a los ciegos en qué parada de metro o autobús deben bajarse.
5. TalkRocket Go fue diseñada para _____ voz a quien no la tiene a través de su móvil.
6. Investigadores de la universidad de Colorado han creado libros en tres dimensiones para que los niños ciegos _____ de las historias.
7. NosSenTec ha creado la aplicación Buenavista para _____ la movilidad de las personas con discapacidad visual.

18 Lee la experiencia de Alfonso, un usuario de una aplicación para invidentes, y complétala con los siguientes conectores.

| gracias a | por | para | así que | como | porque | por eso | para que |

> Te presento Buenavista, la *app* de movilidad _____ invidentes y personas con discapacidad visual que me ha cambiado la vida. Con Buenavista puedo vivir más experiencias _____ me permite ir más lejos y conocer mejor mi entorno. Por ejemplo, si quiero encontrar un sitio nuevo, ahora puedo hacerlo solo, _____ me siento mucho más seguro. Es como un compañero que me dice donde estoy en cada momento. Además, _____ me avisa de cruces, escaleras y pasos de cebra, también me da mucha seguridad en mi recorrido habitual. Pero lo mejor de Buenavista es que ha sido creada _____ un equipo de científicos con discapacidad visual, y _____ responde muy bien a nuestras necesidades. Hoy esta App es cada día mejor _____ nosotros, los usuarios, que ayudamos _____ se adapte mejor a nuestras necesidades.

19 a. Relaciona estas actividades culinarias con las fotografías.

☐ cocer ☐ pelar ☐ cortar ☐ batir ☐ rallar ☐ freír ☐ asar ☐ lavar

b. ¿Qué se puede hacer con los productos siguientes?

| los tomates | la carne | las manzanas | los huevos | la leche |

Los tomates se pueden lavar y cortar. A veces también se pelan, se fríen o se cuecen.

6 UN MUNDO DE SENSACIONES

20 Completa esta receta peruana con los verbos en la forma impersonal con **se**.

> añadir | cortar | freír | poner | servir

LOMO SALTADO

_____ los tomates, la cebolla roja y el ají amarillo en trozos pequeños. _____ el lomo en la sartén y _____ a fuego medio. _____ cilantro, un poco de vinagre y salsa de soja. _____ con papas amarillas fritas y arroz blanco.

---

21 Expresar impersonalidad. Relaciona estos ejemplos según los usos de la tabla y añade un ejemplo más de cada.

1. **Uno se enamora** enseguida de los productos de Perú.
2. La cocina peruana **es apreciada** en todo el mundo.
3. En Perú **hay que** probar el ceviche.
4. En Perú **cultivan** 35 variedades de choclo.
5. A partir del siglo XVI **se añadieron** otros productos a la cocina peruana.

VOZ PASIVA (SER + PARTICIPIO)	☐	
SE + 3.ª PERSONA SG. / PL.	☐	
3.ª PERSONA PLURAL	☐	
UNO/A (+ SE) + 3.ª PERS. SG.	☐	
HAY QUE + INFINITIVO	☐	

---

22 En cada frase hay un error. Cambia las palabras en negrita por las correctas de la columna derecha.

1. El gusto es el sentido con **lo** que reconocemos los sabores básicos.
2. Juan es el amigo **de el** que te hablé el otro día.
3. Me interesan mucho las nuevas iniciativas **por** niños ciegos.
4. En mi tiempo libre me gusta mucho **oír** música en directo.
5. **Porque** muchos animales nacen en el zoo, no conocen otro entorno.
6. El próximo 1 de octubre Marta **es** 40 años.
7. Me encanta lo que estás tocando, suena muy **bueno**.
8. Gracias **para** ayudarme con la receta del ceviche.

- a. bien
- b. para
- c. como
- d. cumple
- e. por
- f. escuchar
- g. del
- h. el

23 El vino. Vuelve a leer las páginas 82 y 83 de la Edición para estudiantes y completa las frases con la información del texto.

1. Los tres principales países productores de vino son _____, _____, _____.
2. El vino que se toma normalmente con el aperitivo se llama _____.
3. La _____ es el nombre con el que se conoce la cosecha del vino.
4. La zona de _____, en Argentina, es una de las principales regiones latinoamericanas en las que se elabora vino.
5. Se produce vino desde hace más de _____.

MUNDO PROFESIONAL

24 Empresas multinacionales. ¿Qué empresas son conocidas por estos productos? ¿De dónde son? Investiga.

| chocolate | coches | ordenadores | bombones | ropa | cerveza | perfumes |
| muebles | móviles | televisores | zapatos de deporte | zumos |

Adidas es una empresa alemana que se dedica a la producción y venta de ropa deportiva y zapatillas de deporte.

PRONUNCIAR BIEN

25 a. Cambios ortográficos en los verbos. Lee el texto y comenta las dudas en clase.

> Una **i** átona entre dos vocales cambia a **y**:
> **LEER** → leí, leíste, le**y**ó, leímos, leísteis, le**y**eron
> **OÍR** → oigo, o**y**es, o**y**e, oímos, oís, o**y**en
> **CONSTRUIR** → constru**y**o, constru**y**es, constru**y**e, construimos, construís, constru**y**en
>
> Algunos verbos acabados en **-iar** o **-uar** con raíz tónica llevan acento en las vocales **i** y **u**:
> **ENVIAR** → envío, envías, envía, enviamos, enviáis, envían
> **CONTINUAR** → continúo, continúas, continúa, continuamos, continuáis, continúan
>
> Las letras **i** y **u** también llevan acento si se juntan las vocales **o + i, e + i, e + u** en la raíz tónica (también cuando están separadas por una **h**):
> **PROHIBIR** → prohíbo, prohíbes, prohíbe, prohibimos, prohibís, prohíben
> **REUNIR** → reúno, reúnes, reúne, reunimos, reunís, reúnen

b. 🔊 28-29 – Escucha estos diálogos y escribe las letras que faltan.

1. • ¿O___ es ese ruido?
   ■ Sí, están constru___endo un edificio nuevo.
   • ¿Tan cerca de la playa? Si las leyes lo proh___ben, ¿no?

2. • ¿Quieres que le env___e el informe a Paco?
   ■ No te preocupes, contin___a con tu trabajo. Paco ya lo le___ó ayer y le pareció bien.

6 UN MUNDO DE SENSACIONES

AUTOEVALUACIÓN

YA SÉ...

... hablar de los cinco sentidos:
el gusto, el tacto, ..., ..., ...
Este perfume .... bien.

... describir objetos:
Una llave es un objeto de metal con el que ....

... expresar causa, fin y consecuencia:
He llegado tarde porque llueve.
.... llueve, he llegado tarde.

... hablar de gustos y comida:
La comida .... me parece ....

... conjugar los verbos oír, oler, sonar:
oír: yo ...., tú .... ; oler: ella ....,
nosotros .... ; sonar: vosotras ...., ellos ....

... utilizar frases relativas con preposición:
Un cuchillo es un objeto .... se puede cortar ....

... utilizar frases subordinadas con subjuntivo:
Te invito a este restaurante para que ....

... expresar impersonalidad:
Hay que cortar y freír la cebolla. Se .... cebolla.

60 sesenta

7 DE TODO CORAZÓN

Comunicación
- Describir el aspecto físico y el carácter de una persona
- Hablar de estados de ánimo
- Expresar cambios del estado de ánimo
- Expresar sentimientos y sensaciones
- Hablar de relaciones entre personas
- Hablar de personajes
- **MUNDO PROFESIONAL** Un anuncio de trabajo

Léxico
- La amistad
- El aspecto físico y el carácter
- Valores
- Sentimientos

Gramática
- El uso de **ser** y **estar**
- Frases relativas con indicativo o subjuntivo
- **PRONUNCIAR BIEN** La transcripción fonética

Cultura
- Fernando Botero
- **CON SABOR** El azafrán

---

1 ¿Con qué palabras o expresiones se pueden combinar estos verbos? ¿Puedes añadir una más a cada grupo?

| cansado/a | intereses | de mal humor | envidia | deprimido/a | cariño |
| opiniones | tiempo | tristeza | harto/a | celoso/a | amistades | respeto |

compartir ....
sentir ....
estar ....

2 Completa con los nombres, verbos y adjetivos correspondientes.

NOMBRE	VERBO	NOMBRE	ADJETIVO
risa	*reír*	alegría	
	ayudar		tolerante
sentimiento		verdad	
	comprender		cariñoso/a
imitación		paciencia	
	aconsejar		respetuoso/a
respeto		melancolía	
	envidiar		triste

7 DE TODO CORAZÓN

3 **a.** Relaciona estos nombres con sus definiciones. Después escribe la palabra que falta.

1. La tolerancia — **a.** Cualidad de saber esperar.
2. El respeto — **b.** Protección o ayuda.
3. La confianza — **c.** Respeto a las ideas, creencias y acciones de los demás.
4. El apoyo — **d.** Forma educada de tratar y valorar a una persona.
5. La paciencia — **e.** Capacidad de dar y compartir sin esperar nada a cambio.
6. _____ — **f.** Seguridad que se tiene respecto a otra persona (amigo/a, familiar…).

b. ¿A qué conceptos de **a** crees que se refieren estas frases?

1. Los árboles que tardan en crecer llevan la mejor fruta. _____
2. Tienes que esperar cosas de ti mismo/a antes de poder hacerlas. _____
3. Sé flexible como un junco, no tieso como un ciprés. _____

4 **a.** Ordena las fichas de dominó para formar pares de contrarios.

| 1 tacaño/a / hablador/a | divertido/a / estricto/a | tolerante / sensible | feo/a / generoso/a |

| tímido/a / atractivo/a | callado/a / frágil | frío/a / sociable | fuerte / soso/a |

b. Fíjate en cómo se forman algunos contrarios y completa con los adjetivos.

sensible → *insensible*   agradable → *desagradable*
dependiente → _____   ordenado/a → _____
seguro/a → _____   motivador/a → _____
formal → _____   cortés → _____

5 Completa las tablas con los adjetivos y los nombres que faltan.

PREFIJOS PARA FORMAR CONTRARIOS		
IN-	_____	**in**dependiente
	seguro/a	_____
DES-	_____	**des**ordenado/a
	agradable	_____
ANTI-	*simpático/a*	**anti**pático/a

SUFIJOS PARA FORMAR NOMBRES		
-ÍA	_____	aleg**ría**
-DAD	feliz	_____
	_____	vecin**dad**
-URA	_____	lo**cura**
-EZ/-EZA	rápido/a, _____	rapid**ez**, bell**eza**

6 Mar ha visitado hoy un piso para alquilar y, después de hablar con algunos vecinos, sabe mucho sobre la casa y la relación que tienen. Lee la información que le han dado y marca la opción correcta.

	ES	ESTÁ	
1. La vivienda se construyó hace más de sesenta años.	○	○	antigua
2. A la vecina del 1.º, Gina, no le gustan los estudiantes del 2.º izquierda.	○	○	enfadada
3. Emma hace mucho ruido a todas horas.	○	○	ruidosa
4. El ascensor casi nunca funciona.	○	○	estropeado
5. El portero no soporta al perro de la familia que vive en el 2.º derecha.	○	○	harto
6. Están renovando la fachada, pero todavía no la han terminado.	○	○	(no) lista
7. A Ernesto, el del ático, le preocupa mucho su trabajo.	○	○	preocupado
8. Los hijos de Bety Pardo ensucian la escalera.	○	○	sucia
9. Ana siempre sonríe a todo el mundo por las mañanas.	○	○	alegre

7 Lee el texto y completa con las formas adecuadas de ser o estar.

Fernando Botero

_____ un famoso pintor y escultor colombiano. Tiene un estilo muy original que _____ muy fácil de reconocer: todas sus figuras _____ muy gordas.

En febrero de 2006, el escultor le regaló a la ciudad de Cartagena de Indias (Colombia) una de sus estatuas. *Figura reclinada 92* _____ el nombre que Botero le puso, pero los cartageneros la llaman cariñosamente Gertrudis. _____ una estatua de bronce de 650 kilos que _____ en la céntrica Plaza de Santo Domingo. Este lugar _____ un paseo obligatorio para todo el mundo: cartageneros o turistas. Todos pasan para tocar la escultura porque dicen que Gertrudis trae suerte.

Y como todo el mundo la acaricia, hay partes que ya _____ estropeadas. Por eso las autoridades decidieron poner vigilantes para controlar que los turistas no la toquen. Sixto Santoya, un cartagenero que _____ sin trabajo, decidió tomar esa tarea y ser el responsable de Gertrudis. Todos los días _____ al lado de la estatua, la limpia constantemente y controla a los turistas que se acercan a tomar fotos. Su trabajo _____ tan eficiente que las autoridades _____ convencidas de que su presencia _____ el mejor cuidado que puede tener Gertrudis. Por eso, Sixto ha _____ contratado como empleado del municipio.

7 DE TODO CORAZÓN

8 a. Completa las frases con **ser** o con **estar**, según el contexto.

1. Lorenzo _____ muy bueno cocinando. Además le gusta mucho.
2. El pollo que has hecho hoy _____ muy bueno.
3. Ana _____ una persona muy abierta y sociable.
4. La biblioteca _____ abierta hasta las nueve.
5. Este jamón _____ muy rico, ¿puedo tomar más?
6. La familia de Fernando _____ rica. Tiene mucho dinero.
7. Diego no _____ nada aburrido, habla muchísimo.
8. Teresa _____ aburrida de esperar a su novio.
9. _____ una niña muy despierta, le interesa todo.
10. A las seis de la mañana yo ya _____ despierta.
11. Nosotros ya _____ listos, ¿cuándo nos vamos?
12. Diego _____ muy listo, no es fácil mentirle.

b. Ahora tú. ¿En qué contextos se pueden usar estos adjetivos con **ser** y **estar**? Escribe ejemplos.

ADJETIVO	EJEMPLO CON SER	EJEMPLO CON ESTAR
malo/a cerrado/a		

9 Completa los diálogos con las formas adecuadas de los verbos **ser**, **estar**, **llevar** o **tener**.

1. • ¿Ya conoces a mi hermano Ángel?
   ■ Creo que sí. ¿No _____ el chico que _____ el pelo rizado y rubio?

2. • ¡Pero qué delgado _____, Juan! ¿Cómo te encuentras?
   ■ Pues he hecho una dieta muy estricta. Es que _____ muy mal de salud.

3. • ¿Has visto qué elegante _____ hoy Analía?
   ■ Sí, es muy raro verla con un vestido porque siempre _____ pantalones, ¿verdad?

4. • ¡Claudia, qué morena _____! ¿Has _____ de vacaciones?
   ■ ¡Qué dices! ¡Si yo _____ morena de nacimiento! Pero tienes razón, he _____ en Sevilla dos semanas.

5. • Marcos, últimamente siempre _____ el pelo muy corto. Me gusta este cambio de *look*.
   ■ Es que ya _____ poco pelo, como mi padre... Y si _____ el pelo corto, no se nota tanto.

6. • No entiendo por qué Carlos _____ tan celoso de Álex. ¡Quiere irse de la fiesta!
   ■ Ya sabes que _____ muy sensible. Y, además, tú has estado hablando toda la noche con Álex...

Recuerda

Para hablar de partes del cuerpo características se usa **tener** y para hablar de la ropa y del estado actual se usa **llevar**:

• Luisa **tiene** el pelo liso como su padre, pero lo **lleva** rizado.

10 a. ¿Reconoces estas tribus urbanas? ¿Sabes con qué nombre se las conoce?

b. Lee la descripción que una revista de moda hace de estas tribus urbanas y complétala con las formas correctas de los verbos ser, estar y llevar. ¿Con qué foto de a relacionas cada descripción?

◻ **Hipsters**
Se caracterizan por tener un estilo de vida independiente, _____ en contra de las convenciones sociales y de la cultura dominante. _____ progresistas y ecologistas, prefieren la comida orgánica, el cine y la música alternativa y tienen un *look vintage*. _____ ropa usada y pasada de moda, camisas a cuadros, vaqueros, gafas clásicas y complementos artesanales. Los hombres _____ barba y el pelo un poco largo, y a las mujeres les gusta tener un aspecto natural, sin maquillaje.

◻ **Raperos/as**
_____ conocidos por el rap y el hip-hop, les gusta el *break dance*, el *skateboard* y los grafitis. Suelen _____ personas críticas con la sociedad. Desde su surgimiento en los años 70, esta tribu ha crecido y actualmente _____ presente en todo el mundo. Respecto a su aspecto, _____ ropa ancha y zapatillas. Como complementos utilizan gorras, relojes y cadenas.

◻ **Emos**
La cultura emo nació en los años 80 como una variante del punk, pero _____ conocida sobre todo a partir del año 2000. Los emos _____ adolescentes que tienen una visión negativa y dramática de la vida, _____ tímidos y siempre _____ deprimidos. Les gusta el pop punk y el hardcore. Su ropa suele _____ oscura y _____ el pelo negro sobre los ojos, *piercings* y tatuajes.

c. Elige otra tribu urbana que conozcas y descríbela.

11 ¿Quién es quién? Lee las frases y completa la tabla con la información sobre estas tres compañeras de trabajo.

1. Una de las chicas tiene 25 años y hace mucho deporte.
2. La que tiene 24 años es muy habladora.
3. Josefa tiene 29 años y pronto va a cumplir 30. No le gusta que se lo recuerden.
4. Hoy dos de ellas están contentas porque mañana no trabajan, la otra en cambio está estresada
5. La menor de las tres tiene los ojos azules y el pelo castaño.
6. Ana es más joven que Adriana. Todo el mundo se lo dice y a ella no le gusta mucho escucharlo.
7. La que es un poco excéntrica, según dicen sus amigas, tiene el pelo negro rizado y los ojos verdes.
8. La que está estresada por una conferencia que organiza tiene 25 años.
9. La chica que, según dicen, es abierta, tiene los ojos grandes marrones y la piel morena.
10. A la mayor de las tres no le gusta que sus amigas digan que es excéntrica.

NOMBRE	EDAD	CARÁCTER	ASPECTO FÍSICO	ESTADO DE ÁNIMO

7 DE TODO CORAZÓN

12 a. Lee los fragmentos de esta historia de amistad y ordénalos.

☐ En una de esas visitas al hospital el hombre sufrió una complicación en el tratamiento y murió. Canelo estaba, como siempre, en la puerta del hospital esperándolo, pero su dueño ya no podía volver. El perro esperaba a su amigo día tras día, con frío, calor, hambre o sed; no importaba, él esperaba la salida de su amigo.
Los vecinos del barrio se dieron cuenta de la situación y empezaron a llevarle agua y comida. Una asociación protectora de animales trató de buscarle una nueva familia, pero el perro siempre volvía al hospital a esperar a su amigo.

☐ Una vez por semana el paseo los llevaba al Hospital Puerta del Mar, porque el hombre estaba enfermo y tenía que ir allí todas las semanas para hacer un tratamiento. Como Canelo no podía entrar, el hombre lo dejaba en la puerta y siempre le decía "Espérame aquí, compañero" y Canelo lo esperaba siempre con paciencia. Después de unas horas, el hombre salía del hospital y juntos volvían a la casa. Así durante años.

☐ La historia de Canelo fue noticia en la prensa y televisión española e internacional. Durante doce años Canelo esperó a su amigo. El 9 de diciembre de 2002 fue atropellado por un coche delante del hospital y murió. Hoy, la calle lleva el nombre de Canelo y tiene una placa que recuerda esa gran amistad.

☐ Canelo era el perro de un hombre que vivía en Cádiz en los años 80. Era una mascota que lo acompañaba siempre y a todas partes. Este hombre anónimo vivía solo y Canelo era su único compañero. Cada mañana se los podía ver a los dos caminando por la ciudad o por la playa.

b. Lee de nuevo el texto y marca si las frases son verdaderas (V) o falsas (F). Corrige las falsas.

1. ☐ El perro acompañó a su dueño al hospital cada semana durante años.
2. ☐ El hombre murió en el hospital mientras Canelo lo esperaba en la puerta.
3. ☐ Una asociación le encontró una nueva familia.
4. ☐ Después de doce años, Canelo murió de hambre delante del hospital.
5. ☐ Se publicaron artículos en varios periódicos del mundo.

13 Completa las frases según tus estados de ánimo en situaciones de este tipo.

| me pongo contento/a | me pongo de mal humor | estoy de buen humor | estoy agradecido/a |
| me pongo triste | me pongo nervioso/a | estoy melancólico/a | estoy deprimido/a | ... |

1. Si tengo una entrevista de trabajo, ...
2. Si me roban la bicicleta, ...
3. Cuando recibo un mail de un/a buen/a amigo/a, ...
4. Después de un viaje increíble, ...
5. Si cancelan el concierto al que quería ir, ...
6. Un domingo lluvioso...
7. Cuando mi vecino/a no me saluda, ...
8. Cuando alguien me da un buen consejo, ...
9. Después de una discusión fuerte con una persona muy querida, ...

14 🔊 30 - Escucha a Cristina hablando sobre sus antiguos/as compañeros/as de clase con su amigo Alberto y responde a las preguntas.

1. ¿Con quién se lleva mal Cristina?
2. ¿Qué les ha pasado a Julia y a Mario?
3. ¿Qué opina Cristina de Mario?
4. ¿Qué tal le cae Julia a Cristina?
5. ¿Qué opina Alberto de Julia?
6. ¿Qué siente Pedro por Julia, según Cristina?
7. ¿Qué opina Alberto de la relación de Pedro y Julia?
8. ¿Qué le pasa a Julia con los perros?

15 Lee estos comentarios sobre las amistades y tacha la forma incorrecta de los verbos.

1. Todos/as necesitamos amigos/as que nos **apoyan / apoyen** en las situaciones difíciles.
2. A los/as amigos/as que **conozco / conozca** de la infancia no los/as veo con frecuencia.
3. No conozco a nadie que no **tiene / tenga** amigos/as.
4. No tengo ningún/una vecino/a que **es / sea** también amigo/a mío/a.
5. Hoy gracias a internet hay gente que **tiene / tenga** amigos/as que nunca ha visto personalmente.
6. Tengo amigos/as que **veo / vea** poco, pero que **son / sean** muy importantes en mi vida.
7. No tengo amigos/as que **viven / vivan** fuera de mi país.
8. Busco amigos/as que me **dicen / digan** siempre todo lo que piensan, pero no es fácil.

16 Completa las frases con el verbo adecuado en indicativo o subjuntivo.

1. Tengo unos vecinos que _____ geniales.
2. Quiero tener vecinos que _____ agradables.
3. Vivo en un piso que _____ balcón.
4. Busco un piso que _____ balcón.
5. • ¿Conoces a alguien que _____ ruso?
   ▪ Sí, conozco a un chico que _____ ruso.
   • ¿Y coreano?
   ▪ Pues… No, no conozco a nadie que _____ coreano.
6. • ¿Hay alguien en clase que _____ hijos?
   ▪ En la clase hay varias personas que _____ hijos.
7. • ¿Conocéis a alguien que _____ moto?
   ▪ No, no conozco a nadie que _____ moto.

17 Lee y relaciona las partes de las frases según la intención de cada comentario.

1. Vivo en una calle que	☐ sea muy céntrica.
2. Quiero vivir en una calle que	☐ es muy céntrica.
1. En nuestra casa no hay nadie que	☐ tiene un perro.
2. En nuestra casa creo que nadie	☐ tenga un perro.
1. Me gustaría vivir en una casa que	☐ sea grande.
2. Vivo en una casa que	☐ es grande.
1. En el edificio hay vecinos que	☐ son muy simpáticos.
2. En el edificio quiero tener vecinos que	☐ sean muy simpáticos.

7 DE TODO CORAZÓN

18 Lee los mensajes de este foro de viajes en internet y complétalos con las formas adecuadas de los verbos de las etiquetas en indicativo, subjuntivo o infinitivo.

> alquilar | dar | interesar | ir | pasar | poder | querer
> recomendar | recorrer | viajar | vivir | tener

///// **FOROVIAJES** /////

ANABEL: ¿Hay alguien que _____ viajar a México? Me gustaría _____ el sur del país.

EMILIO: Quiero _____ a Misiones (Argentina) y no conozco a nadie a quien le _____ el mismo destino.

VÍCTOR: Pienso _____ a las islas Galápagos. ¿Hay alguien que _____ información y me la _____ pasar?

CORA: Planeo _____ un mes en Lima. Necesito que alguien me _____ un hotel barato.

ALFONSO: Busco a alguien que _____ en el sur de Chile y me _____ algunos consejos.

MABEL: ¿Hay alguien que _____ un piso barato cerca del mar en la costa andaluza por dos semanas?

19 En cada frase hay un error. Cambia las palabras en negrita por las correctas de la columna derecha.

1. La semana pasada Luisa **fue** en una exposición de Frida en Guadalajara.
2. A Amparo **la** pone celosa que su marido hable con otras mujeres.
3. Esa chica está muy enamorada **con** su novio, se casarán pronto.
4. El pollo que he preparado está bastante **mal**, pero lo comeremos igual.
5. **Es** claro que Frida Kahlo era una mujer muy excepcional.
6. Carlos es el hombre del sombrero que lleva **un** bigote.
7. Ana **le** lleva muy bien con sus compañeros de trabajo.
8. Mi hermana y yo siempre nos hemos entendido **bueno**.

a. le
b. —
c. bien
d. se
e. malo
f. estuvo
g. está
h. de

20 Vuelve a leer el texto sobre el azafrán de las páginas 96 y 97 de la Edición para estudiantes y marca la opción correcta.

1. ¿De qué color es la flor del azafrán?
   - amarillo
   - violeta
   - rosa
   - rojo

2. Según el texto, ¿**no** es posible hacer con el azafrán?
   - curar la tos
   - limpiar objetos de plata
   - teñir el pelo
   - preparar arroces

3. El cultivo del azafrán fue conocido en España gracias a...
   - los árabes
   - los griegos
   - los romanos
   - los aztecas

4. ¿En qué estación del año se cosecha el azafrán en España?
   - en primavera
   - en otoño
   - en verano
   - en invierno

5. ¿En qué región de España se celebra la Fiesta de la Rosa del Azafrán?
   - en el norte
   - en la zona central
   - en el sur
   - en el este

MUNDO PROFESIONAL

21 a. Lee el siguiente anuncio de trabajo y traduce estas palabras a tu lengua.

Departamento de
Recursos Humanos ....

Sede ....

Requisitos ....

Grado en Psicología ....

Postgrado ....

Habilidades ....

Nociones ....

Funciones ....

Evaluación ....

> Importante empresa editorial precisa incorporar un responsable del Departamento de Recursos Humanos para su sede en Valencia.
> **Requisitos**
> > Grado en Psicología o en Relaciones Laborales
> > Máster o postgrado en recursos humanos
> > Experiencia en un puesto similar
> > Inglés, nivel C1
>
> **Se valorará**
> > Capacidad para tomar decisiones
> > Habilidades comunicativas
> > Nociones de alemán o francés
> > Trabajo en equipo
>
> **Funciones**
> > Gestión del personal: selección, contratación, etc.
> > Formación del personal
> > Evaluación del trabajo en cada departamento

b. Lee las notas sobre dos candidatos y complétalas con los verbos que faltan. Según tu opinión, ¿cuál de los dos es el más adecuado para el puesto de a?

Marcos Soto
_____ muy dinámico, decidido y ambicioso. Le gusta _____ bien organizado, _____ muy metódico. En general se _____ bien con todo el mundo, pero _____ nervioso si las cosas no salen como las ha planeado. Puede _____ bastante estricto. _____ bueno aprendiendo idiomas.

Nuria Hoyos
_____ seria, tranquila y segura de sí misma. _____ muy buena comunicadora y se _____ bien con todo el mundo. _____ mucha paciencia y no le _____ trabajar sola. _____ una gran capacidad para analizar conflictos y resolverlos. _____ un poco de francés.

PRONUNCIAR BIEN

22 a. La transcripción fonética. ¿Comprendes este texto? En lugar de algunas letras, aparece su transcripción fonética. Lee el texto y comenta las dudas en clase.

> para saβer komo se pronunθja una palaβra la transkripθjoɱ fonetika le pweðe ayuðar. no teŋga mjeðo, no se trata ðe aprender una nweβa eskritura, basta kon entender los signos por exemplo konsultanðo un dikθjonarjo.

b. 🔊 31 - Escribe las palabras a las que corresponden estas transcripciones fonéticas. Luego escucha y comprueba.

[garaxe] .... [θjuðað] .... [kaʎe] .... [ixo] ....
[tʃika] .... [uɲa] .... [xoβen] .... [ayer] ....

7 DE TODO CORAZÓN

AUTOEVALUACIÓN

YA SÉ...

... describir el aspecto físico:
Soy _____, tengo los ojos _____ y _____ el pelo _____.

... describir el carácter:
Mi madre es _____ y mi padre _____.

... hablar de estados de ánimo:
Hoy _____ enfadado y de _____ humor.

... expresar sentimientos:
Cuando tengo éxito en el trabajo, _____.

... hablar de cambios del estado de ánimo:
Cuando me regalan algo me pongo _____ y siento _____.

... hablar de relaciones entre personas:
Me llevo _____ con mi jefe. Mis colegas me caen _____.

... hablar de los valores de la amistad:
En la amistad es fundamental _____. Los amigos te ofrecen _____.

... diferenciar el uso de ser y estar:
_____ alto, _____ inteligente, _____ enfermo, _____ de buen humor.

... utilizar frases relativas con indicativo y subjuntivo:
Vivo en una casa que _____. Busco una casa que _____.

8 MIRADOR
Unidad de repaso

1 Lee este correo electrónico y marca en cada número la palabra correcta.

Mensaje nuevo

Estimado Sr. Soto:

[1] escribo en relación al anuncio del 20 de septiembre publicado en zonajobs.com en el que buscan personal que [2] experiencia en el sector editorial y en venta al público para la Feria Internacional del Libro de Guadalajara. Como pueden ver en mi currículum, me gradué en Publicidad y Relaciones Públicas [3] tres años. Poco después hice unas prácticas en Events & Co., una empresa organizadora de [4] y, al terminarlas, ese mismo verano, sustituí a una de las empleadas de la librería Rublo durante tres meses. Actualmente he vuelto de pasar un año en Londres y París, donde he trabajado en diferentes locales en atención al cliente. Hablo inglés, francés y un poco de alemán. Además soy un amante de la literatura y aficionado a la escritura: mi colección de poemas, Pasos, [5] premiada por la revista *Pretextos Literarios* en 2019.

Por todo esto, considero que no solo mi formación, [6] también mi experiencia en el sector hacen de mí un buen candidato para el puesto que ofrecen. Soy una persona responsable y organizada, con habilidades sociales y comunicativas, y conozco bien el mundo editorial.

Quedo a la espera de sus noticias.

Atentamente,

Francisco Hernández Flores

---

1. ☐ Lo
   ☐ Le
   ☐ Te

2. ☐ tiene
   ☐ tendrá
   ☐ tenga

3. ☐ desde
   ☐ desde hace
   ☐ hace

4. ☐ hechos
   ☐ eventos
   ☐ sucesos

5. ☐ ha estado
   ☐ fue
   ☐ estaba

6. ☐ pero
   ☐ además
   ☐ sino

2 🔊 32-37 – Escucha a estas personas hablar sobre sus amigos/as. Relaciona cada testimonio con una de las frases de la columna derecha. Sobran dos.

1. ☐
2. ☐
3. ☐
4. ☐
5. ☐
6. ☐

a. Hace deporte con su amigo.
b. Su amigo le cayó muy bien desde el primer día.
c. Trabajaba en la misma empresa que su amiga.
d. Su amigo es el mejor amigo de su hermano.
e. Su mejor amigo es una persona muy cercana, pero viven lejos.
f. Conoce a su amiga del colegio.
g. Conoció a su mejor amiga en una fiesta de cumpleaños.
h. Han sido compañeras de viaje.

8 MIRADOR

3 🔊 38-42 – Cinco personas hablan sobre internet y la lectura. Escucha estas cinco opiniones y decide si las frases son verdaderas (V) o falsas (F). Corrige las falsas.

Cinco personas hablan sobre internet y la lectura.
1. Emma Muñoz, estudiante: ☐ El acceso a la información tiene que mejorar.
2. Felipe Romera, periodista: ☐ Los periódicos en papel continuarán existiendo.
3. Anastasia Torallas, escritora: ☐ Es un lujo bajar gratis de internet la literatura clásica.
4. Antonio Gómez, director de una editorial: ☐ El mercado de los libros de papel no cambiará.
5. Fina Prieto, especialista en ediciones electrónicas: ☐ Es posible decidir en todo momento qué se quiere leer.

4 Lee las noticias y decide cuál de estos ocho titulares corresponde a cada artículo.

☐ Un restaurante para ver y tocar
☐ Reunión de vecinos
☐ Llega la moda de los restaurantes a oscuras
☐ Premio literario para una historia de recuerdos
☐ Dos historias en una película
☐ Pelea de vecinos deja un muerto
☐ Una película española gana el Óscar
☐ Primer premio de novela policíaca

1 BARCELONA. Comer a oscuras, sin saber lo que hay en el plato. Para muchos es una idea extraña, sin embargo, en Europa aumenta el número de restaurantes donde los clientes comen en absoluta oscuridad. Los camareros son ciegos y sirven de guía. En el restaurante Dans Le Noir de Barcelona, Carlos es el camarero que lleva de la mano a los clientes hasta sus mesas y les sirve la comida. Según él, "el objetivo del restaurante es romper las fronteras entre ciegos y videntes".

2 TORREVIEJA. El escritor Gustavo Martín Garzo ha ganado el IX Premio de Novela Ciudad de Torrevieja con su obra *Tan cerca del aire*, que estará en las librerías el 29 de octubre. La novela trata sobre la vida de Jonás, un muchacho que, al conocer la historia de amor de sus padres, descubre la verdad sobre su propia identidad. El escritor gana con esta obra de recuerdos uno de los premios literarios mejor dotados de nuestro país (360 000 euros).

3 MADRID. La nueva película de Icíar Bollaín, *También la lluvia*, es la candidata a representar a España en los Óscar. Bollaín se convierte así en la primera directora española que representa a España en los Óscar de Hollywood. *También la lluvia* es una película dentro de una película. Es la combinación de dos historias, la de la llegada de Cristóbal Colón a América y la de un grupo de personas que hace una película sobre este tema.

4 ALMERÍA. Un conflicto entre vecinos terminó con el asesinato de un joven de 23 años. La discusión había comenzado por problemas de ruidos y el asesino, conocido como Malboro, le clavó un cuchillo en el estómago al joven Román. Según testigos, la madre de Román y la hermana de Malboro habían tratado de separarlos, pero no lo lograron, ya que los dos salieron de sus viviendas y continuaron la pelea en la calle, donde se produjo el asesinato.

5 Recibes el siguiente correo electrónico de una chica que conociste el año pasado. Contesta mencionando los siguientes puntos.

- Invita a Marina a pasar un fin de semana en tu ciudad.
- Explícale cómo es el tiempo en agosto y qué ropa conviene llevar.
- Comenta algo interesante que has hecho últimamente.
- Explica tus planes para las vacaciones de verano.

¡Holaaa!
¿Qué tal estás? Espero que te acuerdes de mí, ¡ya ha pasado un año!
Yo estoy muy bien, con mucho trabajo, aunque en Madrid hace un calor terrible; la verdad es que el sitio donde mejor se está es el metro.
Te escribo para contarte que en agosto voy a estar en tu país, porque voy a hacer un viaje organizado y creo que pasaremos unos días en la zona en la que tú vives. Me gustaría mucho verte. Dime si nos podremos encontrar. Te mando una foto de ayer.
Hasta pronto,
Marina

9 GRANDES MOMENTOS

Comunicación
- Celebraciones y eventos
- Felicitar y expresar buenos deseos
- Dar la opinión
- Expresar acuerdo y desacuerdo: (**No**) **Estoy de acuerdo**, (**No**) **Pienso lo mismo**, **En absoluto**, **Para nada**...
- Proponer / preguntar y ceder una elección
- Resumir un texto
- **MUNDO PROFESIONAL** Una empresa de organización de eventos

Léxico
- Tipos de celebraciones
- La belleza

Gramática
- Expresar costumbres y acciones habituales
- El verbo **soler**
- El indicativo y el subjuntivo en frases con **cuando**
- **PRONUNCIAR BIEN** Las sílabas

Cultura
- ¿Qué es la belleza?
- **CON SABOR** El tomate

1 a. ¿De qué celebraciones se trata? Escribe debajo de cada foto una frase de felicitación.

b. 🔊 43   Escucha este diálogo. ¿De qué otra fiesta se habla?

2 a. ¿Se celebran estas fiestas o acontecimientos en tu entorno? ¿Cómo se celebran? La información de las etiquetas te puede ayudar.

| hacer un viaje | vestirse elegante | regalar flores | comer un plato específico | invitar a la familia | soplar velas |

El día del santo
La Nochevieja
Una despedida de soltero/a
Las bodas de oro / plata
La celebración de una jubilación
Un ascenso o cambio de trabajo

b. ¿Qué otras fiestas o acontecimientos se suelen celebrar en tu entorno?

9 GRANDES MOMENTOS

3 Completa la tabla.

NOMBRE	VERBO	NOMBRE	VERBO
la invitación	invitar		divorciarse
	celebrar	el baile	
el plan			casarse
	organizar	la recogida	
la preparación			inaugurar
	volver	la decisión	

4 a. 🔊 44 – Escucha la conversación y marca si las frases son verdaderas (V) o falsas (F). ¿Sabes de qué celebración hablan?

1. ☐ No se sabe cuánta gente va a venir a la fiesta.
2. ☐ Si vienen todos/as los/as invitados/as, tendrán problemas de espacio.
3. ☐ No faltará comida porque cada persona trae algo de comer.
4. ☐ Creen que no van a tener suficientes bebidas.
5. ☐ A las once menos cuarto se repartirán las bolsitas con las uvas.
6. ☐ El trabajo ya está repartido y todos saben lo que tienen que hacer.

b. Lee el texto sobre la Nochevieja en España y luego responde a las preguntas.

1. ¿Qué se celebra en Nochevieja?
2. ¿Cuántas uvas se comen? ¿En qué momento?
3. ¿Qué son las campanadas?

LA NOCHEVIEJA EN ESPAÑA

En España la noche del 31 de diciembre se conoce con el nombre de Nochevieja y es la celebración que da comienzo al nuevo año comiendo doce uvas. Esta tradición consiste en comerse una uva con cada campanada que da el reloj de la Puerta del Sol, en Madrid, a las 12 de la noche el día 31 de diciembre después de una cena con la familia o amigos.

Las uvas son el momento más esperado de la Nochevieja. Las campanadas se retransmiten en directo por televisión a toda España. Se dice que quien consigue tomar todas a tiempo tendrá un año lleno de suerte y prosperidad. En muchos lugares, la gente acude a una plaza (o a algún punto emblemático donde se sitúa el reloj) para comer las uvas, beber cava y compartir los últimos minutos del año que termina en un ambiente festivo.

El día siguiente, conocido como Año Nuevo, suele tomarse con más tranquilidad. Las tiendas y los comercios cierran y son pocos los bares y restaurantes que abren. Comer en familia, dar un paseo por el parque o una tarde de cine son planes perfectos para el primer día del año.

c. Y tú, ¿celebras la Nochevieja? ¿Cómo?

5 Has recibido una de estas invitaciones (elige una), pero no puedes asistir. Escribe un mensaje o un correo para rechazar la invitación y explica por qué no puedes asistir, pero comenta que les enviarás un regalo.

6 Verbos irregulares. Completa las tablas de estos verbos en presente de indicativo.

	VESTIRSE	SOLER
yo		
tú		
él, ella, usted		
nosotros, nosotras		
vosotros, vosotras		
ellos, ellas, ustedes		

7 a. Lee estos textos sobre celebraciones y costumbres del mundo del español y complétalos con las palabras de las etiquetas.

> normal | suele | normalmente | costumbre (x2) | acontecimiento

1. En algunos lugares de Argentina, existe la _____ del "hecho a mano con amor" cuando se organiza una boda tradicional. Las familias de los novios participan activamente en la preparación del evento, incluso el vestido de la novia _____ estar hecho a mano. Esto no solo es una cuestión económica, sino que sobre todo es una tradición que da un estilo "casero" a la celebración.

2. En México lo _____ es celebrar el cumpleaños a lo grande. Durante la fiesta, el momento más divertido es la partida del pastel. Es _____ que la persona que cumple años tenga que comer la tarta sin usar las manos. Los/as invitados/as le empujan la cara en el pastel mientras gritan "¡mordida, mordida!".

3. En Venezuela la graduación es un momento muy importante. _____ se alquila un local y se contrata a un/a fotógrafo/a. También hay que llevar un traje, una toga y el birrete y, por supuesto, el anillo de grado, en plata o en oro. El _____ resulta bastante caro.

b. 🔊 45-47 – Escucha a varias personas hablando de las costumbres de **a**. ¿A qué texto corresponde cada diálogo?

Diálogo 1 _____   Diálogo 2 _____   Diálogo 3 _____

9 GRANDES MOMENTOS

c. Lee ahora los diálogos que has escuchado en b y completa la tabla con las expresiones en negrita. Luego, añade una más en cada caso.

1.
   - ¡Yo no haría eso por mucha tradición que sea! **¡Ni hablar! ¡Qué horror!**
   - Mujer, que es solo un día, yo **lo encuentro divertido**.
   - ¿Divertido? ¿Qué tiene de divertido ensuciarse toda la cara? ¡Vamos, **para nada**!

2.
   - Eso de gastarse tanto dinero **me parece una exageración**, con anillo y todo, parece una boda…
   - Sí, sí, **es demasiado**, desde luego. **Pienso lo mismo**.

3.
   - Pues a mí lo de que la familia colabore en las preparaciones **me parece muy buena idea. ¡Qué bonito!** Y además me imagino que así sale más barato, ¿no?
   - **No sé, no sé, yo no estoy de acuerdo contigo**, la verdad. **No es lo mismo** que lo preparen unos especialistas que dejarlo en manos de familiares y conocidos… Al final **puede resultar un desastre**, ¿no crees?

OPINAR Y VALORAR	EXPRESAR ACUERDO	EXPRESAR DESACUERDO
lo encuentro divertido		

---

8 Planes para el futuro. Escribe frases en cadena utilizando cuando para unirlas, como en el ejemplo.

1. | terminar los estudios | pasar un año en Latinoamérica |
   | hablar muy bien español | encontrar un buen trabajo |

   1. Cuando termine los estudios, pasaré un año en Latinoamérica. Cuando pase un año en Latinoamérica, hablaré muy bien español. Cuando hable muy bien…

2. | tener dinero | comprar un piso | poner un baño con *jacuzzi* |
   | relajarse todas las noches | dormir mejor |

3. | hacer buen tiempo | ir a la playa | tomar el sol | tener buen color | verme más guapo/a |

---

9 Termina las frases siguientes hablando de ti y de tus experiencias. Puedes cambiar algún dato si prefieres hablar de otro momento en particular.

1. Cuando como algo muy picante _____
2. Cuando iba al colegio _____
3. Cuando empecé a _____ , _____
4. Cuando gane (más) dinero _____
5. Cuando hablo español _____
6. Cuando me vaya de vacaciones _____
7. Cuando viajé a _____ por primera vez _____
8. Cuando me acuesto temprano _____
9. Cuando tenga mascota _____

10 a. Isabel ha pedido consejo a una amiga para preparar su fiesta de graduación. Lee lo que le ha contestado Rosa y completa con cuando o con si.

Hola, Isabel:
¡Qué bueno saber de ti! Ya veo que estás ocupadísima preparando tu fiesta. Con gusto te ayudo y, _____ lo necesitas, llámame, claro. Aquí van los consejos que me pediste: lo primero que te recomiendo es que hagas un presupuesto realista. _____ lo tengas hecho, respétalo y no gastes más de lo que planificaste. ¡Que no te importe lo que hicieron tus amigos en sus fiestas!
Otro aspecto fundamental son los invitados. Ellos serán la clave para el éxito de tu fiesta. Piensa dos veces a quiénes querrás ver en tus fotos _____ pase el tiempo. Y por supuesto, haz que se sientan bien, reparte tu tiempo entre todos.
Respecto al *catering*, un pequeño consejo muy personal; quizá no estés de acuerdo: _____ sirvan las bebidas, intenta que no lleven demasiado alcohol. _____ los invitados toman demasiado, la fiesta puede convertirse en un circo, ya sabes…
Por último, no tengas miedo y haz una fiesta a tu gusto. Recuerda que _____ tú te diviertes, todo irá bien.
Te quiero mucho, ya lo sabes,
Rosa

b. Marca si las siguientes afirmaciones son verdaderas (F) o falsas (F). Corrige las frases falsas.

	V	F
1. Rosa le recomienda que haga varios presupuestos.	○	○
2. Rosa le aconseja que calcule el dinero que quiere gastar en la celebración.	○	○
3. Rosa le dice que es importante que invite a todo el mundo.	○	○
4. Rosa le explica que debe cuidar a sus invitados/as durante la fiesta.	○	○
5. Para Rosa es mejor que los/as invitados/as tomen mucho alcohol para divertirse más.	○	○

11 a. 🔊 48 – María y Luis se van a casar y han contratado una empresa para ayudarlos con los preparativos de la boda. Escucha esta conversación telefónica y marca en qué casos eligen los novios (N) y en qué casos dejan la decisión a la organización Mundo Homenaje (MH).

	N	MH
1. Los vinos	○	○
2. La música de la fiesta	○	○
3. La decoración de las mesas	○	○
4. La letra de las invitaciones	○	○

b. Ahora lee el mensaje que manda María a Luis y elige la forma correcta del verbo.

Hola, Luis:
Te escribo por correo porque estoy en el trabajo y no puedo llamarte ahora. He hablado con Mundo Homenaje, querían saber algunos detalles sobre la organización de la fiesta. Primero, lo del vino. Les he dicho que sirvan el que **quieren / quieran** porque nosotros, la verdad, no sabemos mucho del tema.

Respecto a la música, les he prometido que les mandaremos esta semana una lista con las canciones para el baile. Más o menos ya sabemos las que **queremos / queramos**. Luego está lo de la decoración de las mesas, pondremos lo que más te **gusta / guste**, sé que para ti eso es más importante que para mí, así que tú decides. Y, por último, lo de las invitaciones. Mira, que las impriman con la tipografía que ellos **prefieran / prefieren**, ¿te parece?

Un beso, amor. Nos vemos en casa.
María

9 GRANDES MOMENTOS

12 a. Nuevos propósitos para el futuro. Lee el diario de María y completa con los verbos en presente de indicativo o subjuntivo.

Pronto cumpliré 20, eso significa que empieza una nueva etapa importante en mi vida. Estoy emocionada porque me gustan los cambios. Esta es mi lista de nuevos propósitos para el futuro. Lo primero que quiero mejorar es la relación con mi familia. Normalmente cuando mis padres y yo no _____ (ESTAR) de acuerdo en algo, nos enfadamos y no _____ (SOLER, nosotros) aceptar las opiniones de los demás. A partir de ahora, cuando me _____ (DAR, ellos) su opinión, los escucharé y tomaré una decisión con calma. Y les pediré que _____ (HACER, ellos) lo mismo en el caso contrario.
También me gustaría no ser tan dependiente del teléfono y de las redes sociales. Normalmente, cuando alguien me _____ (ESCRIBIR) un mensaje, o cuando yo _____ (PUBLICAR) algo en una red social, _____ (SOLER) estar muy pendiente de las respuestas o de las reacciones. Desde ahora, solo responderé o publicaré en las redes cuando no _____ (ESTAR) estudiando o dibujando, o cuando _____ (TENER) tiempo para responder, pero sin que me quite tiempo para otras cosas que me gusta hacer. Una de mis aficiones favoritas es dibujar cómics. A partir de ahora, cuando _____ (TENER) una historia terminada, ya no la guardaré en un cajón. Acabo de hacer un curso de autoedición y quiero aprender más sobre el tema.

b. Ahora tú. Piensa en nuevos propósitos para tu vida y tu futuro, y escribe un texto como el de a.

---

13 a. Planes para el fin de semana. Contesta a estas preguntas dejando que tu interlocutor/a tome la decisión.

1. • ¿Qué película vemos?
   ▪ _____

2. • ¿A qué cine vamos?
   ▪ _____

3. • ¿Qué zapatos me pongo, los elegantes o los deportivos?
   ▪ _____

4. • ¿Cómo vamos al centro, en coche o en metro?
   ▪ _____

5. • ¿En qué restaurante cenamos?
   ▪ _____

6. • ¿Cuándo podemos vernos otra vez?
   ▪ _____

b. Ahora, lee estas respuestas y formula posibles preguntas. Hay varias posibilidades.

1. • _____
   ▪ Lo que quieras.

2. • _____
   ▪ Como quieras.

3. • _____
   ▪ Donde prefieras.

4. • _____
   ▪ Las que quieras.

5. • _____
   ▪ El que quieras.

6. • _____
   ▪ Cuando quieras.

14 a. Lee este artículo de una revista. ¿Estás de acuerdo con el texto? ¿Por qué? Utiliza las expresiones de las etiquetas.

| En mi opinión... | Según algunos/as expertos/as... | Se trata de un artículo... |

| El texto habla sobre... | El texto afirma que... | A mí este artículo me parece... | ... |

¿Gana la gente guapa más que la fea?

Según un estudio de un grupo de investigadores de la Universidad de California, las personas guapas ganan un 12 % más que las feas. La investigación se hizo con tres grupos de personas que los científicos dividieron siguiendo los criterios tradicionales de belleza. Analizaron sus comportamientos y descubrieron que el grupo de las personas más atractivas conseguía más dinero que las menos guapas, y estas más que las feas. Los científicos aseguran que este resultado es válido independientemente de la sociedad y del tipo de trabajo.

¿Son menos egoístas?

Otra conclusión del informe es que la gente colabora más con los más guapos porque creen que estos les pueden ayudar más. "La gente guapa suele estar en grupos que tienen éxito porque los otros miembros cooperan más cuando se trata de gente atractiva", aseguran los investigadores.

Además, encontraron que los más atractivos son, en general, menos egoístas. Según el estudio, el 39 % de las personas atractivas son consideradas como amables, frente a un 16 % de la gente normal y un 6 % de la gente considerada como fea.

Ante esta realidad los investigadores afirman que "es terrible pensar que un lugar de trabajo podría convertirse en un concurso de belleza".

A mí este artículo me parece una provocación y creo que no tiene fundamento científico. Según el texto...

b. Y tú, ¿qué opinas? Lee estas frases y expresa acuerdo o desacuerdo.

1. Hoy en día ser atractivo/a es fácil si tienes dinero.
2. En ciertos casos las operaciones estéticas son imprescindibles.
3. En el trabajo, el aspecto físico es más importante que la inteligencia.
4. La globalización nos impone unos modelos de belleza universales.
5. Ahora, con los vídeos y tutoriales de belleza, es más fácil mantenerse atractivo/a.
6. Los gustos de cada persona son distintos, por eso la belleza es subjetiva.

15 a. Lee los fragmentos de este comentario sobre un artículo de una revista y ordénalos.

- [1] Este lunes la revista *Ingenia* traía un texto que me llamó la atención.
- [ ] El autor dice que los modelos de belleza suelen ser universales, es decir, que a todos nos gusta lo mismo.
- [ ] Finalmente el autor justifica esta teoría con datos concretos; por ejemplo, dice que determinadas características genéricas, como las mandíbulas anchas de los hombres, los hacen más atractivos.
- [6] No sé, a mí me ha parecido un tema curioso, nunca lo había visto así.
- [ ] Se trata de un artículo sobre la belleza y sobre cómo la entendemos y la percibimos.
- [ ] Estas afirmaciones están basadas en estudios, ya que, según los expertos, es la biología la que determina estas normas y no nuestra cultura o nuestra percepción personal.

9 GRANDES MOMENTOS

b. Ahora, lee este texto. ¿Contradice o sustenta los argumentos de a? ¿Por qué? Escribe un pequeño texto comentando este tema y añade tu opinión.

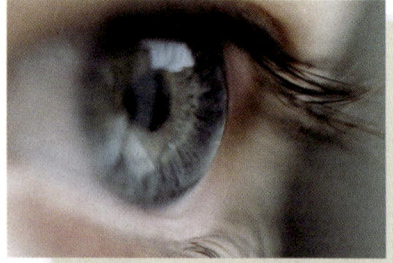

Durante mucho tiempo, la comunidad científica pensó que la expresión mímica de las emociones era aprendida culturalmente. Pero en los últimos años se ha descubierto que la forma de expresar las emociones es innata y universal. Y pasa algo parecido con la percepción de la belleza. Nuestro concepto de belleza no depende tanto de las convenciones culturales, sino de la biología: nos gusta ver señales de salud y de fertilidad, que se expresan en un pelo seductor, una piel suave, la forma de reloj de arena de las mujeres y en un cuerpo musculoso de los hombres. No hay ninguna cultura que diga que la piel con muchas imperfecciones o el pelo débil sean atractivos. Existen señales universales de salud y además nos parecen atractivas las características que diferencian a los hombres de las mujeres. Por ejemplo, si en una cara o en un cuerpo femenino los rasgos típicos femeninos están acentuados (los ojos más grandes, la cintura más fina), lo encontramos más atractivo.

Adaptado de Eduardo Punset

16 Gente diferente. Responde a estas preguntas con tu información personal. Luego, pregunta a un/a compañero/a y comentad las respuestas.

1. ¿Te tiñes el pelo? En caso afirmativo, ¿con qué frecuencia?
2. ¿Te pones cremas (en la cara, en el cuerpo...)?
3. ¿Compras ropa con frecuencia? ¿Te pones una ropa u otra en función de la situación?
4. ¿Llevas tatuajes? ¿Y pendientes?
5. Del 1 al 10, ¿qué importancia tiene para ti la apariencia física en tu vida? ¿Por qué?

17 En cada frase hay un error. Cambia las palabras en negrita por las correctas de la derecha.

1. Isabel **le** pondrá pendientes en las orejas cuando tenga 18 años.
2. ¿Todavía no **la** has mandado la invitación a Marina?
3. Llámame cuando **llegas** a casa.
4. Eso de la operación de cirugía estética **la** encuentro exagerado.
5. En mi país **está** normal que la novia llegue unos minutos tarde a la iglesia.
6. Pedro es ese chico, el que tiene **su** cara muy delgada y barba.
7. Reservaremos cualquier hotel que **está** libre en las fechas que queremos.
8. El artículo **se** trata de las diferentes maneras en que entendemos la belleza.

a. la
b. es
c. esté
d. lo
e. llegues
f. —
g. le
h. se

18 Completa las siguientes frases con la información que recuerdes sobre el tomate. Luego, comprueba tus respuestas con el texto de las páginas 114 y 115 de la Edición para estudiantes.

1. Cuando el tomate llegó a Europa se consideraba...
2. El tomate no es una verdura, sino...
3. El licopeno protege contra...
4. El gazpacho es un plato típico español que lleva...
5. En italiano **tomate** se dice *pomodoro* y significa...

MUNDO PROFESIONAL

19 Lee la página web de una empresa de organización de eventos y completa el texto con las palabras de las etiquetas.

| confirmación | contacto | empresa | grupo | invitados/as |
| objetivo | preparación | producto | regalos | reserva |

MIRAMAR S. A.
Organización de eventos

¿QUÉ ES UN EVENTO?
En el ámbito profesional un evento es un acto que sirve a su _____ para presentar un _____ o una marca.

¿CÓMO SE ORGANIZA?
En primer lugar hay que definir qué tipo de acto se quiere realizar, a quién va dirigido, qué _____ se quiere conseguir y qué fecha es adecuada.
Una vez claro el tipo de evento, comienza la fase de _____, que realiza nuestra empresa. Las acciones más frecuentes son:

— Preparación de la lista de _____
— Envío de las invitaciones correspondientes
— _____ de asistencia
— _____ del local
— Contratación de *catering*
— Contratación de un _____ musical
— Contratación de transmisiones (micrófonos, telefonía, proyectores, etc.)
— Compra de posibles _____ para los/as invitados/as
— Contratación de personal

Si desea información sobre los servicios que podemos ofrecerle, no dude en ponerse en _____ con Miramar S. A. Le esperamos.

MIRAMAR S.A./Calle Espartero, 365/41017 Sevilla/eventos@miramar.net

PRONUNCIAR BIEN

20 a. Lee las reglas de separación silábica en español.

1. Se separa delante de consonante: **ca-sa**, **ho-tel**; dos consonantes seguidas se separan entre ellas: **in-ter-no**, **ob-ser-var**.
2. Si hay más de dos consonantes seguidas, se separan después de las primeras dos consonantes: **pers-pec-ti-va**, **cons-truc-ción**.
3. Las combinaciones de consonantes **bl, br, cl, cr, dr, fl, fr, gl, gr, pl, pr, tr** no se separan: **ha-blar**, **Ma-drid**, **si-glo**. Tampoco se separan **ch, ll, rr**: **co-che**, **ca-lle**, **pe-rro**.
4. Recuerda que los diptongos nunca se separan: **nue-vo**, **rui-do**.

b. 🔊 49 - Lee las siguientes palabras y separa las sílabas. Luego escucha y comprueba.

| placer | manzana | terraza | maquillaje | tristeza | seguro |
| transportar | padre | escuchar | sorpresa | presupuesto | cumpleaños |

9 GRANDES MOMENTOS

AUTOEVALUACIÓN

YA SÉ...

... expresar buenos deseos:
¡Felicidades! ¡Que _____! ¡Feliz _____!

... expresar acciones habituales:
En mi familia es normal _____.

... valorar:
Esa película me parece _____.

... dejar la decisión a otra persona:
¿Dónde cenamos? Pues no sé... ¡Donde _____!
¿Y qué pedimos? Pues... _____.

... describir el aspecto físico:
Tengo los ojos _____, el pelo _____ y _____.

... resumir un texto:
Se trata de _____. El texto _____.

... expresar una opinión:
(No) estoy _____.
(No) soy de _____.

... usar el verbo soler con infinitivo:
En una boda se suele _____.

... usar el indicativo y subjuntivo en frases con cuando:
Cuando salgo _____.
Cuando salga _____.

10 MUNDOS EN CONTACTO

Comunicación
- Hablar del paisaje, clima, sociedad y cultura de un país
- Expresar datos aproximados y porcentajes
- Situar en un *ranking*
- Estructurar una presentación o conferencia
- Expresar causa
- Añadir, reformular y contraponer ideas
- **MUNDO PROFESIONAL** Un informe

Léxico
- Países
- Geografía
- Clima
- Presentaciones

Gramática
- El estilo directo e indirecto en pasado
- **PRONUNCIAR BIEN** Palabras extranjeras

Cultura
- Países de habla hispana
- **CON SABOR** El jamón

1 ¿Qué palabra no forma parte del grupo?

1. polar	clima	mediterráneo/a	desértico/a
2. tacos	aimara	ceviche	gazpacho
3. protestante	judío/a	guaraní	musulmán/ana
4. lluvioso/a	misterioso/a	húmedo/a	suave
5. volcán	río	nieve	selva
6. institución	pantalla	proyector	micrófono
7. aimara	quechua	gringo/a	spanglish
8. comunidad	pueblo	etnia	lucha

2 ¿Qué clima tiene un país...? Completa las casillas con los tipos de clima para encontrar la palabra de las casillas marcadas.

1. ... en el que llueve mucho, hace mucho calor y humedad?
2. ... en el que llueve poco?
3. ... en el que llueve mucho?
4. ... en el que las temperaturas son siempre agradables?
5. ... en el que llueve poco y las temperaturas son extremas?

Solución: _____

ochenta y tres **83**

10 MUNDOS EN CONTACTO

3 a. Añade las vocales para encontrar las doce palabras. ¿Cuál(es) relacionas con cada foto?

- d_s__rt
- v_lc__n
- s_lv_
- c__mp
- r__
- v_ll_
- m__r
- l_g_
- c_rd_ll_r_
- c_st_
- p_n_ns_l_
- b_sq_

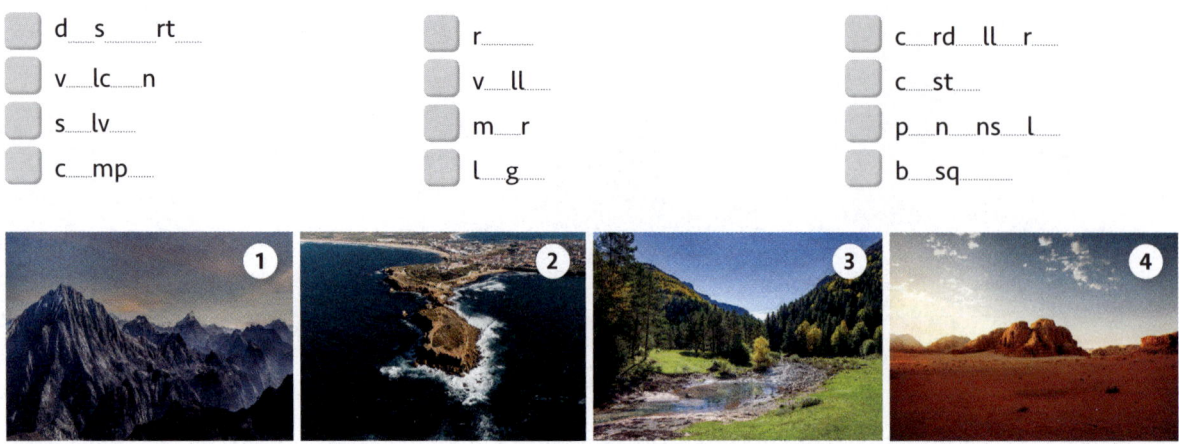

b. Lee la siguiente información sobre la capital de Guatemala y completa con las palabras de las etiquetas.

| patios | población | clima | superficie | lluviosa |
| mercados | Patrimonio | prehispánicas | nivel | arquitectura |

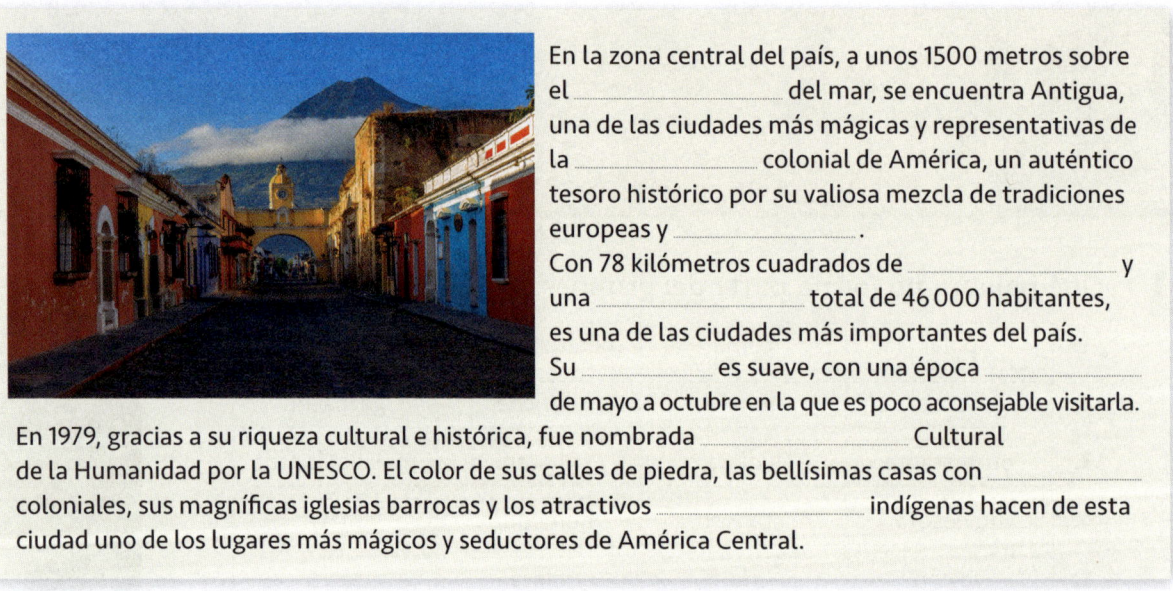

En la zona central del país, a unos 1500 metros sobre el _____ del mar, se encuentra Antigua, una de las ciudades más mágicas y representativas de la _____ colonial de América, un auténtico tesoro histórico por su valiosa mezcla de tradiciones europeas y _____.
Con 78 kilómetros cuadrados de _____ y una _____ total de 46 000 habitantes, es una de las ciudades más importantes del país.
Su _____ es suave, con una época _____ de mayo a octubre en la que es poco aconsejable visitarla.
En 1979, gracias a su riqueza cultural e histórica, fue nombrada _____ Cultural de la Humanidad por la UNESCO. El color de sus calles de piedra, las bellísimas casas con _____ coloniales, sus magníficas iglesias barrocas y los atractivos _____ indígenas hacen de esta ciudad uno de los lugares más mágicos y seductores de América Central.

4 Mira la ficha de este país. ¿Sabes cuál es? ¿Puedes añadir las palabras que faltan?

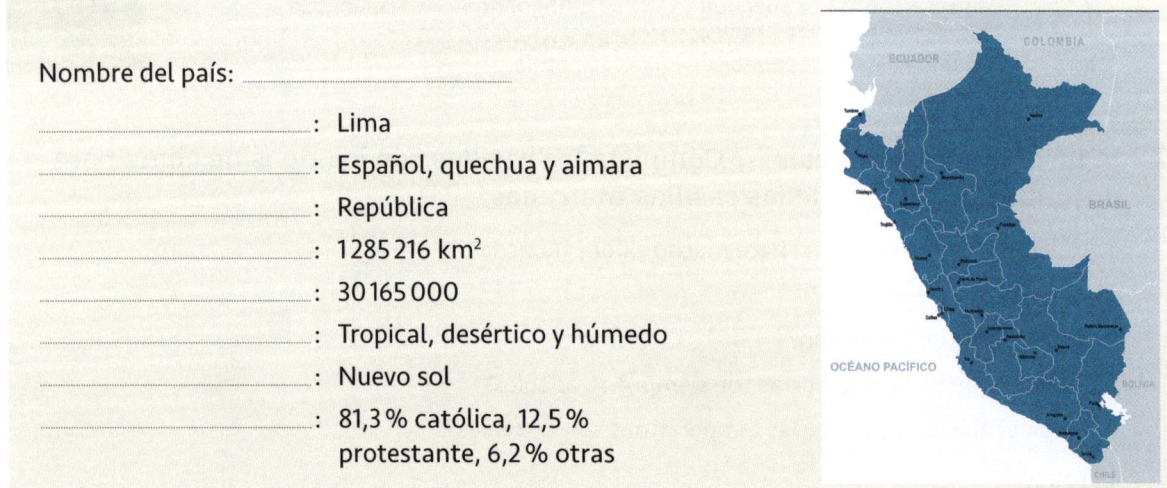

Nombre del país: _____

- _____ : Lima
- _____ : Español, quechua y aimara
- _____ : República
- _____ : 1 285 216 km²
- _____ : 30 165 000
- _____ : Tropical, desértico y húmedo
- _____ : Nuevo sol
- _____ : 81,3 % católica, 12,5 % protestante, 6,2 % otras

5 Las lenguas indígenas en Perú. Completa el texto con las palabras de las etiquetas.

| seguido por | un 15 % | alrededor | primer lugar | nativas | mayor | unos | la más |

Actualmente, en Perú hay 47 lenguas indígenas o _____. De ellas, cuatro se hablan en los Andes y son las que tienen el _____ número de hablantes. De estas destacan el quechua, que ocupa el _____ en número de hablantes, _____ el aimara.

Las otras 43 lenguas se hablan en la Amazonía y, de ellas, _____ hablada es el ashaninka, con 100 000 hablantes. Pero también hay idiomas como el sharanahua, que cuenta con _____ de 600 hablantes, según la Unesco. Aproximadamente _____ de los peruanos y peruanas habla una lengua indígena, pero muchas de estas lenguas están en peligro de extinción.

6 ¿Recuerdas los números ordinales? Completa la tabla.

MASCULINO		FEMENINO		MASCULINO		FEMENINO	
1.º	primero, primer	1.ª	primera	6.º	sexto		_____
2.º	segundo	2.ª	_____		_____	7.ª	séptima
3.º	_____	3.ª	tercera	8.º	octavo		_____
4.º	cuarto	4.ª	_____			9.ª	novena
5.º	_____	5.ª	quinta	10.º	décimo		_____

7 Esta es la posición que ocupan algunos países americanos en diferentes *rankings*. Completa las frases con los países de las etiquetas y con los números ordinales correspondientes. Luego, compara con un/a compañero/a. ¿Coincidís?

| México (x 2) | Cuba | Brasil | Uruguay | Ecuador |

1. _____ es el (1) _primer_ país latinoamericano en usuarios de Instagram.
2. Playa Varadero (_____) es la (3) _____ playa más visitada de todo el mundo.
3. Montevideo, la capital de _____, ocupa el (3) _____ lugar en calidad de vida en Latinoamérica.
4. _____ es el (7) _____ país del mundo con mayor diversidad lingüística.
5. _____ es el (5) _____ país con mayor biodiversidad a nivel mundial.
6. La ciudad más grande de _____ es la (10) _____ más poblada de todo el mundo.

8 Hablar de partes y porcentajes. ¿Cómo se dice?

½ la _mitad_   ⅓ un _____   ¼ un _____   ¾ tres _____   ⅕ la _____

 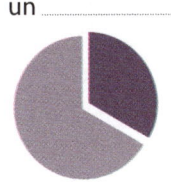   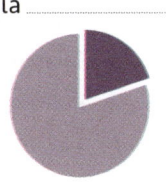

10 MUNDOS EN CONTACTO

9 Completa el texto con la información de las infografías. Utiliza un tercio, un cuarto, la mitad, el/un... por ciento.

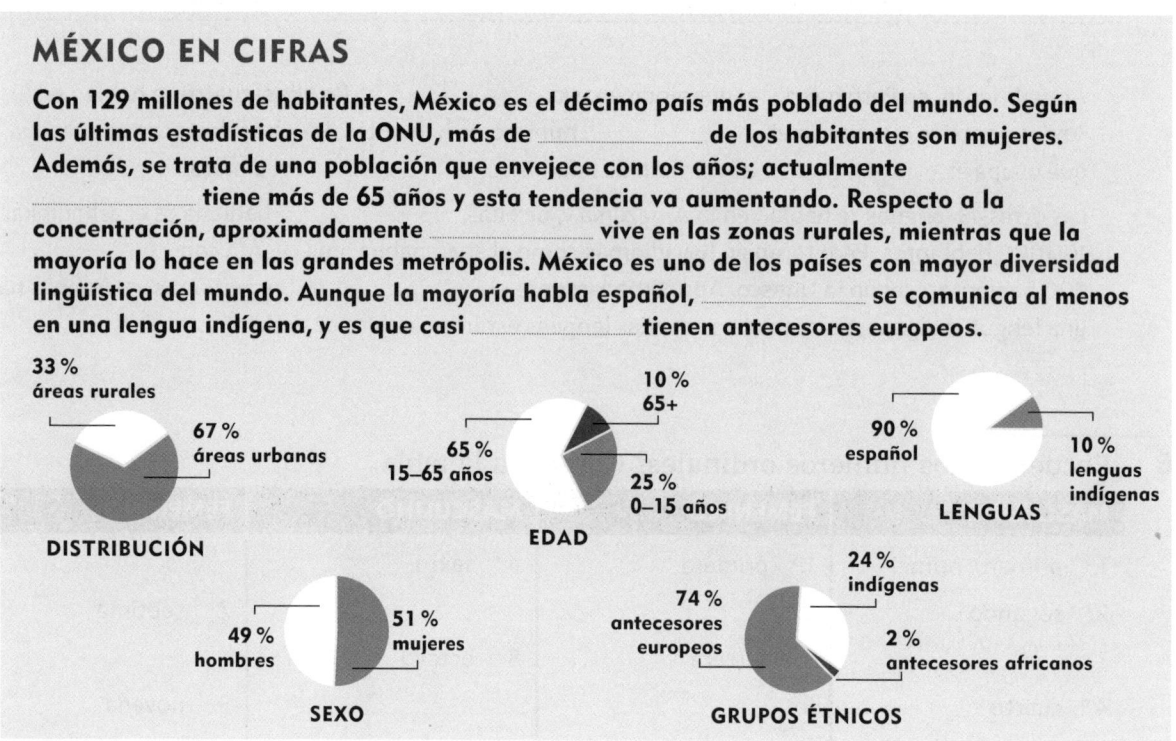

MÉXICO EN CIFRAS

Con 129 millones de habitantes, México es el décimo país más poblado del mundo. Según las últimas estadísticas de la ONU, más de _____ de los habitantes son mujeres. Además, se trata de una población que envejece con los años; actualmente _____ tiene más de 65 años y esta tendencia va aumentando. Respecto a la concentración, aproximadamente _____ vive en las zonas rurales, mientras que la mayoría lo hace en las grandes metrópolis. México es uno de los países con mayor diversidad lingüística del mundo. Aunque la mayoría habla español, _____ se comunica al menos en una lengua indígena, y es que casi _____ tienen antecesores europeos.

10 a. 🔊 50 – Lee las preguntas a las que va a contestar Ramona Smith, una experta en bilingüismo, y responde según tu opinión. Luego, escucha y comprueba.

1. ¿Qué es el bilingüismo exactamente?
   - ○ La capacidad de comunicarse en más de un idioma.
   - ○ Adquirir dos idiomas a la vez en la niñez.
   - ○ Tener dos lenguas maternas.

2. ¿Una persona adulta puede llegar a ser bilingüe?
   - ○ No, una persona solo puede ser bilingüe si adquiere las dos lenguas durante la niñez.
   - ○ Sí, aunque no es fácil alcanzar en la segunda lengua el nivel de la materna.

3. ¿Qué consecuencias tiene el bilingüismo sobre los/as niños/as que crecen con dos idiomas?
   - ○ Generalmente empiezan a hablar más tarde.
   - ○ Confunden las palabras de los idiomas y se hacen un lío.
   - ○ No adquieren seguridad en ninguno de los dos idiomas.

4. ¿Qué ventajas aporta el bilingüismo temprano?
   - ○ Las personas bilingües aprenden más fácilmente otros idiomas.
   - ○ Tienen más capacidad para comprender y aceptar otras culturas.

b. 🔊 50 – Completa estos fragmentos de la entrevista con las expresiones de las etiquetas. Luego, escucha de nuevo y comprueba.

| en cambio | mejor dicho | además | ya que |

1. La definición (de bilingüismo) es muy general, _____ incluye a los hablantes que han crecido con dos lenguas. Y también a los que, como yo, hemos aprendido o, _____, adquirido un segundo idioma más tarde, en la escuela, en la universidad, etc.

2. Cuando aprendemos una lengua después de la adolescencia, es muy difícil hablarla sin acento, _____, podemos aprender vocabulario durante toda la vida.

3. Los niños bilingües se concentran mejor, _____ son capaces de diferenciar la información importante de la que no es útil.

11 a. Hacer una presentación. Clasifica las expresiones de las etiquetas.

en otras palabras	en cuanto a	primeramente	para terminar	es decir
mejor dicho	además	así que	para empezar	en consecuencia	por último
o sea	por el contrario	por ejemplo	respecto a	en primer lugar
finalmente	también	sin embargo	por esto	en resumen	esto se debe a

Empezar la presentación: _____
Añadir información: _____
Contrastar datos: _____
Expresar causa o consecuencia: _____
Aclarar o reformular: _____
Terminar: _____

b. Completa estos fragmentos tomados de diferentes presentaciones con algunos de los conectores de a. Hay varias posibilidades. Léelos antes y después de completarlos. ¿Notas diferencias? ¿En qué sentido? Coméntalo con el resto de la clase.

> SEÑORAS Y SEÑORES, ME GUSTARÍA DAR LAS GRACIAS A LOS ORGANIZADORES POR HABERME INVITADO. LLEVO MUCHOS AÑOS INVESTIGANDO, ME RESULTA DIFÍCIL RESUMIR TODO LO QUE ME GUSTARÍA DECIR EN SOLO MEDIA HORA. VOY A INTENTAR PRESENTARLES UNA VISIÓN GENERAL.

> NORMALMENTE LAS ONG SELECCIONAN A COLABORADORES CON EXPERIENCIA, NECESITAN GENTE QUE CONOZCA BIEN LOS PROBLEMAS. NUESTRA ORGANIZACIÓN ACEPTA TAMBIÉN COLABORADORES SIN EXPERIENCIA, LOS PREPARAMOS EN UN CURSO DE TRES MESES.

> LA PRESENTACIÓN DE HOY TENDRÁ TRES PARTES: HARÉ UNA INTRODUCCIÓN HISTÓRICA, HABLARÉ DE LOS PROBLEMAS CONCRETOS Y PRESENTARÉ ALGUNAS SOLUCIONES.

> VOY A MENCIONAR ALGUNOS PROBLEMAS QUE HEMOS CONSEGUIDO SOLUCIONAR: EL NÚMERO DE ALUMNOS QUE TIENEN PROBLEMAS CON LOS IDIOMAS HA BAJADO, LOS RESULTADOS EN MATEMÁTICAS NO HAN CAMBIADO MUCHO.

> CON ESTO TERMINO. LES AGRADEZCO SU ATENCIÓN. LOS INVITO A QUE PREPAREN LAS PREGUNTAS, QUE RESPONDERÉ DESPUÉS DE LA PAUSA.

12 a. El estilo indirecto. Completa las frases con los cambios verbales que se mencionan.

EL PRESENTE CAMBIA A IMPERFECTO

"El spanglish **tiene** futuro". → Explicó que el spanglish **tenía** futuro.
"Estados Unidos **es** un país bilingüe". → Dijo que EE. UU. _____ un país bilingüe.

EL PERFECTO CAMBIA A PLUSCUAMPERFECTO

"Muchas lenguas **han desaparecido**". → Dijo que muchas lenguas **habían desaparecido**.
"Nunca **ha existido** un idioma puro". → Nos contó que _____ .

EL FUTURO CAMBIA A CONDICIONAL

"El spanglish **llegará** a ser un idioma". → Dijo que el spanglish **llegaría** a ser un idioma.
"El spanglish **continuará** creciendo". → Explicó que el spanglish _____ .

EL IMPERFECTO NO CAMBIA, SE MANTIENE IGUAL QUE EN EL DISCURSO DIRECTO

"Antes se **hablaban** más lenguas". → Dijo que antes se _____ más lenguas.

EL INDEFINIDO PUEDE CAMBIAR A PLUSCUAMPERFECTO O MANTENERSE IGUAL

"El spanglish **nació** en México". → Dijo que el spanglish **nació / había nacido** en México.
"En 1931 se **creó** la primera escuela de lengua aimara". → Nos contó que en 1931 se _____ / _____ la primera escuela de lengua aimara.

10 MUNDOS EN CONTACTO

b. El estilo indirecto. Completa las frases con otros cambios que se mencionan.

LOS PRONOMBRES

Luis: "Para **mí** el spanglish es una moda". → Dice que para **él** el spanglish es una moda.
Ana: "**Yo** no sé hablar en spanglish". → Dijo que _____ no sabía hablar en spanglish.

LA PERSONA DEL VERBO

"Yo no **estoy** de acuerdo". → Dice que no **está** de acuerdo.
"Les **doy** la bienvenida a todos ustedes". → Dijo que nos _____ la bienvenida.

LOS DEMOSTRATIVOS Y POSESIVOS

"**Mis** hijos no aprenderán inglés". → Dijo que _____ hijos no aprenderían inglés.
"**Esto** es lo que yo pienso". → Explicó que _____ era lo que él pensaba.

LOS MARCADORES DE TIEMPO Y LUGAR

"**Ayer** fui a una conferencia". → Dijo que **el día anterior** fue a una conferencia.
"La conferencia es **aquí**, en **esta** sala". → Dijo que la conferencia era _____, en **esa** sala.

---

13 a. 🔊 51 – Unos amigos preparan una fiesta sorpresa. Escucha y marca la opción correcta.

1. Elías dijo...
   a. ⭘ que había reservado una mesa en el restaurante.
   b. ⭘ que reservaría una mesa en el restaurante.

2. Beatriz dijo...
   a. ⭘ que Juan podía comprar el regalo.
   b. ⭘ que ella podría comprar el regalo.

3. Juan le dijo a Beatriz...
   a. ⭘ que la iría a recoger a casa.
   b. ⭘ que la esperaría en el restaurante porque quería ser el primero.

b. ¿Qué dijeron los/as demás? Reformula las frases en estilo indirecto en pasado.

1. JIMENA: ¿Estáis seguros de que Esperanza no sabe nada? *Jimena preguntó si...*
2. OLIVIA: Yo he hablado con ella esta mañana y creo que no tiene ni idea.
3. CRISTINA: Si habla con Martina, se enterará seguro. No sabe guardar secretos.
4. ALEJANDRO: No, ayer Martina ya habló con ella y no le dijo nada.
5. IGNACIO: Yo estoy seguro de que la sorpresa resultará bien.
6. JULIO: Eso espero yo también.

---

14 Problemas de pareja. Lee el mensaje que le ha enviado Martín a su novia. Luego, escribe las frases que están en negrita como se las dijo Lucía a Martín.

> Lucía, has vuelto a romper todas tus promesas. La última vez me dijiste que **habías cambiado**, que **nunca más me dirías mentiras**, que **querías volver a intentarlo**. Que **si yo te lo pedía, no lo harías más** y sobre todo que **no se las volverías a enseñar a tus amigas**. Haz el favor de borrar TODAS LAS FOTOS que me hiciste disfrazado de Tarzán.
>
> Espero que tengas una explicación.
> Martín

15 Lee estas citas de personajes reconocidos del mundo de la cultura y escríbelas en estilo indirecto.

1. "Antes de conquistar la montaña, debes aprender a superar tu miedo". *Isabel Allende, escritora chilena*
   Isabel Allende dijo que antes de conquistar la montaña, debías aprender a superar tu miedo.

2. "La música es el arte más directo, entra por el oído y va al corazón". *Magdalena Martínez, flautista española*

3. "Quien cambia felicidad por dinero no podrá cambiar dinero por felicidad". *José Narosky, escritor argentino*

4. "Cuando creíamos que teníamos todas las respuestas, de pronto, cambiaron todas las preguntas". *Mario Benedetti, escritor uruguayo*

5. "Yo he vivido porque he soñado mucho". *Amado Nervo, poeta y novelista mexicano*

6. "Como la mayoría de las latinas, yo no tengo miedo de decir lo que pienso". *Cristina Saralegui, periodista cubana*

7. "Al cabo de los años he observado que la belleza, como la felicidad, es frecuente". *Jorge Luis Borges, escritor argentino*

16 Erika no vino la semana pasada a clase. Lee el mensaje que le ha enviado su amiga Sophie y formula en estilo directo las frases marcadas en cursiva.

> Hola, Erika:
> Espero que ya te encuentres mejor. La profesora *me preguntó el otro día si yo sabía qué te pasaba y si necesitabas algo*; la verdad es que es muy amable. Aquí te mando la información que me pediste sobre las clases. Ayer practicamos los pasados. La profesora *nos dijo que era aconsejable hacer en casa los ejercicios 6 y 7*.
> Ah, y Jorge, el encargado del programa cultural de la escuela, *nos informó de que había una excursión programada para ir a Toledo y alrededores el sábado y que si queríamos apuntarnos, que lo teníamos que hacer el jueves*, ¿vale? Si quieres ir, tienes que hablar mañana con él. Creo que esto es todo. Espero que vengas ya por fin mañana. Te mando un abrazo de todos.
> Sophie

¿Sabes qué le pasa a Erika?

17 Hoy han pasado cosas poco frecuentes. Relaciona los hechos con su causa posible. Después formula varias suposiciones como en el modelo. Puedes añadir causas nuevas.

1. Tu compañera de trabajo no ha venido.
2. Tu jefe está de muy mal humor.
3. De repente, tu ordenador se apaga.
4. Quieres tomar un café, pero no encuentras tu cartera.
5. Estás esperando al autobús, pero no llega.
6. Llamas a tu pareja muchas veces, pero no contesta.

a. ¿haber atasco?
b. ¿estar enferma?
c. ¿robarme?
d. ¿estropearse?
e. ¿acabarse la batería del móvil?
f. ¿tener problemas la empresa?

1. ¿Estará enferma? / Creo que ha perdido el autobús. / ¿Habrá perdido el autobús? / ¿Habrá tenido problemas en casa?

10 MUNDOS EN CONTACTO

18 Un compañero de clase ha escuchado un programa sobre el futuro de las lenguas. Lee el comentario que ha escrito a los responsables del programa y marca la opción correcta del verbo en cada caso.

Estimados y estimadas responsables del programa *Lenguas del futuro*:

El tema que trataron ayer en su programa me pareció muy interesante y estoy muy agradecido por la información que nos han dado. Sin embargo, tengo varias preguntas que quizás puedan contestarme. En primer lugar, el doctor Dorren explicó que dentro de 100 años **hablaríamos / hablábamos** menos lenguas que ahora y que los idiomas se **simplificarían / habían simplificado**. Entonces, ¿cuáles serán esos pocos idiomas que queden? En su opinión, ¿será el español uno de ellos?

Por otra parte, la doctora Vera comentó que en el futuro ya no **necesitamos / necesitaríamos** aprender idiomas, sino que **serían / sean** los traductores los que harían este trabajo. Y yo me pregunto, ¿qué pasará con la literatura?, ¿serán las máquinas capaces de traducir también novelas y poesía?

Para terminar, me gustaría referirme a la entrevista con la estudiante. Ella nos informó de que el español **era / fue** la lengua oficial en 20 países del mundo, pero ¿será en el futuro la lengua oficial en Estados Unidos también? En relación con el árabe dijo que el número de hablantes **aumente / estaba aumentando** porque muchas empresas **centren / habían centrado** su atención en Oriente Medio. Entonces, ¿es una buena idea que nuestros hijos lo aprendan? Es decir, ¿podría llegar a enseñarse en las escuelas como ahora se hace con el inglés o el español?

Muchas gracias por su ayuda y un saludo a todos,

Francisco Hernández

19 En cada frase hay un error. Cambia las palabras en negrita por las correctas de la columna derecha.

1. La ciudad La Rinconada está **en** 5100 metros sobre el nivel del mar.
2. Diferentes expertos han participado **a** las jornadas de esta semana.
3. El verano en Argentina **está** cálido y húmedo.
4. Paraguay limita **en** norte con Bolivia.
5. Aunque el español es **la** idioma más hablado, en Perú existen 47 lenguas.
6. Y **con** terminar, quiero decir que todos estamos orgullosos de esta diversidad.
7. Nicaragua se **está** entre Costa Rica y Honduras.
8. Muchas gracias **de** su atención.
9. No solo se hablan 47 lenguas, **pero** también muchos dialectos.
10. Finalmente **los** agradezco mucho su interés.

a. al
b. es
c. por
d. sino
e. a
f. para
g. les
h. el
i. encuentra
j. en

20 El jamón. Vuelve a leer el texto de las páginas 128 y 129 de la **Edición para estudiantes** y completa.

1. Para la elaboración del jamón se utilizan solo dos ingredientes: jamón y _____.
2. Cuando el jamón se seca al aire se dice que se _____.
3. El jamón que viene de los cerdos de granja y que se seca en la sierra se llama _____.
4. El jamón de los cerdos de raza ibérica que se alimentan en los campos se llama _____.
5. El de más calidad es el _____ y se puede tardar hasta _____ años en producirlo.
6. Para saborear bien el jamón no se debe cortar con una máquina, sino _____.

MUNDO PROFESIONAL

21 a. Lee este informe sobre una empresa que busca financiación y complétalo con esta información.

1. habían extendido sus ventas al sector de la cosmética
2. eran acercar al consumidor productos regionales y de temporada
3. era una empresa familiar
4. abrirían dos tiendas más, una en Barcelona y otra en Zaragoza
5. había sido fundada hacía 5 años

A continuación le presento el informe sobre la empresa Ebio, que se dio a conocer en la segunda edición del Salón de Miniempresa el pasado 15 de abril en Madrid.

Ebio es un supermercado en línea con más de 2000 productos ecológicos y 5000 clientes, actualmente la única plataforma española que apoya el crecimiento del sector biológico.

Durante su presentación, el señor Cano, representante de Ebio en Madrid, explicó que sus objetivos ▢ y convertir el producto ecológico en un producto de consumo generalizado.

Además habló del origen de la empresa, explicó que ▢ bastante joven, que ▢ por su padre y sus hermanos, y que, aunque al principio solo ofrecían productos alimenticios, el año pasado ▢ y a productos para bebés con bastante éxito.

Actualmente solo tienen un punto de venta en Madrid, pero el señor Cano dijo que en enero ▢. Tanto por su presencia actual como por su proyección en el futuro, creo que esta empresa podría considerarse para una posible financiación por nuestra parte.

Fdo. Ángela Moreno

---

b. Lee de nuevo el informe y marca las frases verdaderas. Corrige las falsas.

1. ▢ Ebio busca una empresa que la financie.
2. ▢ Solo se pueden comprar productos de Ebio a través de su página web.
3. ▢ Ángela Moreno recomienda que su empresa invierta dinero en Ebio.
4. ▢ Ebio ofrece solo productos alimenticios.

PRONUNCIAR BIEN

22 a. Palabras extranjeras.

> En español no existen reglas fijas para el uso de extranjerismos. En muchos casos, los extranjerismos se pronuncian según las reglas de la lengua española (**jersey, pizza, punk, iceberg**) y a veces incluso se impone la ortografía española (**fútbol, cruasán, líder, champú, mitin, módem**). En América Latina los extranjerismos anglosajones se pronuncian como en inglés, por ejemplo **DVD** [dibidí], en cambio en español [deubedé]. En ocasiones a los extranjerismos se les añade una terminación española (**chatear, escanear**). ¿Conoces más ejemplos?

b. 🔊 52 - ¿Reconoces las palabras extranjeras que faltan? Escucha y escríbelas.

1. He traído mi portátil para conectarnos a internet. Aquí hay _____, ¿no?
2. Uy, se ha estropeado el _____. Tenemos que llamar al fontanero.
3. ¡Ya ha vuelto a subir la gasolina! Menos mal que me compré un coche _____.
4. Desde que desayuno _____ tengo mucha más energía por las mañanas.
5. El hotel estaba muy bien. Teníamos una bañera enorme con _____.
6. Me compré el _____ para leer el periódico y libros, pero ahora también juego mucho.

10 MUNDOS EN CONTACTO

AUTOEVALUACIÓN

YA SÉ...

... describir un país:
España tiene una población de 47 millones de _____.

... hablar de las características geográficas:
En el norte hay _____, en el sur _____.

... hablar del clima:
En la costa el clima es _____ y en el interior _____.

... empezar una presentación:
Buenas _____. Quería darles _____.

... estructurar una presentación:
Primero _____, _____, _____.

... terminar una presentación:
Espero que _____. Muchas gracias por _____.

... situar en un *ranking*:
El quechua _____.

... hablar de cifras aproximadas:
El aimara tiene _____ dos millones doscientos mil hablantes.

... usar el estilo indirecto en pasado:
Javier: "Este verano iré a Cuba". Javier dijo que _____.

11 CAMBIOS Y VISIONES

Comunicación
- Estado y sociedad
- Problemas políticos y sociales
- Valorar, comprometerse y protestar
- Hablar de causas y consecuencias
- **MUNDO PROFESIONAL** Teletrabajo

Léxico
- Manifestaciones
- El turismo
- La sostenibilidad

Gramática
- Hacer propuestas
- Verbos como **gustar**
- El imperfecto de subjuntivo y sus usos
- Oraciones condicionales con **si**
- Comparaciones irreales
- **PRONUNCIAR BIEN** Algunas variedades del español

Cultura
- Luchas sociales
- **CON SABOR** El aceite de oliva

1 ¿Qué palabra no corresponde al grupo?

1.	manifestación	corrupción	protesta	movilización
2.	socio/a	colaborador/a	caminante	cooperante
3.	empleado/a	banquero/a	empresario/a	ejecutivo/a
4.	ministro/a	político/a	voluntario/a	parlamentario/a
5.	póster	pancarta	pantalla	cartel
6.	gobierno	asociación	organización	fundación

2 Relaciona estas palabras con sus definiciones y define la palabra que falta.

- [ ] el terrorismo
- [ ] el paro
- [ ] la discriminación
- [ ] la inflación
- [ ] la huelga
- [ ] la corrupción
- [ ] la manifestación

1. Situación de falta de trabajo.
2. Forma de protesta en la que los/as empleados/as dejan de trabajar para conseguir mejoras en la empresa.
3. Aumento general de los precios que reduce el valor del dinero en el país.
4. Comportamiento inmoral o ilegal de una persona con autoridad o poder.
5. Uso de violencia en la lucha política contra el orden establecido del Estado.
6. Comportamiento que considera de menos valor a otras personas por su nacionalidad, clase social, sexo u otros motivos.
7.

11 CAMBIOS Y VISIONES

3 Completa con los verbos o nombres que corresponden en cada caso.

NOMBRE	VERBO	NOMBRE	VERBO
el apoyo			destruir
la reclamación			reivindicar
la participación			organizar
la indignación			rechazar

4 a. Lee el texto sobre una protesta ciudadana y relaciona las dos columnas de abajo para formar frases.

LA MARCHA CICLONUDISTA CUMPLE 15 AÑOS

Los amantes de la bicicleta han salido una vez más a las calles con su medio habitual de transporte. Lo han hecho desnudos para llamar la atención en la ciudad y reclamar justicia en las calles. "Nos sentimos desnudos ante el tráfico de coches y por la falta de respeto de los conductores. Desnudos conseguimos que ellos se fijen en nosotros", explica uno de los participantes de la protesta.

Desde hace 15 años se organiza este tipo de manifestaciones contra el tráfico urbano en diferentes ciudades y países. Zaragoza fue la primera ciudad española que participó. Hoy en día existen grupos de ciclonudistas en todo el mundo y cada año son más las ciudades que organizan manifestaciones de este tipo.

1. Hace 15 años empezaron manifestaciones
2. La primera manifestación
3. Los participantes exigen
4. Salen en bicicleta porque
5. Los ciclistas protestan desnudos
6. De esta forma consiguen llamar
7. No llevar ropa significa también

a. justicia y respeto en las calles.
b. en España se organizó en Zaragoza.
c. de ciclistas desnudos contra el tráfico.
d. para mostrar la poca protección que tienen.
e. la atención de los automovilistas.
f. luchar contra el consumismo.
g. es un medio de transporte ecológico y sano.

b. Completa las frases teniendo en cuenta los diferentes puntos de vista.

Vives en una gran ciudad y eres usuario/a habitual de la bicicleta. Participas en la marcha ciclonudista.
Me parece bien _____.
Me alegra _____.
Me resulta incomprensible _____.

Vives en una gran ciudad y eres un/a usuario habitual de los medios de transporte (metro, autobús…).
Me da pena _____.
No me molesta _____.
Me parece injusto _____.

Vives en una gran ciudad y vas en coche a todos los sitios, tu trabajo lo exige y te gusta moverte así.
Me parece mal _____.
Me parece justo _____.
Me resulta incómodo _____.

5 Completa con el indefinido y el imperfecto de subjuntivo en las personas indicadas.

INFINITIVO	INDEFINIDO: ELLOS/AS	IMP. DE SUBJUNTIVO: YO
dar	dieron	diera
apoyar		
poder		
ser / ir		
estar		
existir		
venir		
tener		

6 Lee las reivindicaciones de los manifestantes y completa las frases con verbos en subjuntivo (hay más de una posibilidad).

¡PELIGRO! Banqueros haciendo negocios

EL CLIMA CAMBIA. ¿POR QUÉ NOSOTROS NO?

¡NO PRIVATIZAR NADA! ¡Y MENOS LA SALUD!

Más mujeres en la cultura

No a los pisos turísticos

Sin trabajo, sin casa, sin futuro, sin miedo a luchar.

MADRE TIERRA VIVA Y SANA

1. Reclaman que la gente _tenga_ lo suficiente para vivir y que _____ trabajar con dignidad.
2. Desean que la gente _____ el medio ambiente y la naturaleza.
3. Les indigna que las mujeres _____ poco representadas en la cultura.
4. Piden que todo el mundo _____ acceso a la seguridad social porque es un derecho fundamental.
5. Exigen que la política _____ la especulación inmobiliaria en los lugares turísticos.
6. Quieren que todos _____ activamente en el proceso de cambios en la sociedad.
7. Les indigna que los bancos _____ solamente en sus propias ganancias.

7 Completa la tabla con la tercera persona del presente y del imperfecto de subjuntivo.

	PRESENTE DE SUBJUNTIVO	IMPERFECTO DE SUBJUNTIVO		PRESENTE DE SUBJUNTIVO	IMPERFECTO DE SUBJUNTIVO
construir	construya		ofrecer	ofrezca	
destruir			reducir		
estar		estuviera	sentir		
tener	tenga		invertir	invierta	
haber			morir		muriera
poder			dormir		
decir			pedir		

11 CAMBIOS Y VISIONES

8 Lee la siguiente noticia de la prensa sobre una protesta de estudiantes en México. Después relaciona las partes de las frases de abajo y conjuga los verbos en presente de subjuntivo.

Miles de estudiantes se manifestaron el pasado miércoles en la Universidad Nacional Autónoma de México contra la violencia de algunos grupos organizados, los altos costes, la falta de profesores y la calidad de la enseñanza. Todo esto ocurrió días después del aniversario del movimiento estudiantil y los ataques en la plaza de Tlatelolco que en octubre de 1968 dejaron más de 200 muertos.

1. Les indigna que no (HABER) _haya_
2. Exigen que se (CONTRATAR) _____
3. Reclaman que se (PODER) _____
4. Quieren que las autoridades (OFRECER) _____
5. No aceptan que les (PROHIBIR) _____
6. Piden que la sociedad (TENER) _____
7. Piden que se (REDUCIR) _____
8. Reivindican que el Gobierno (INVERTIR) _____

a. manifestarse.
b. más dinero en educación e investigación.
c. elegir a los miembros del sindicato.
d. el precio de la matrícula.
e. libertad de expresión.
f. derecho a participar en la vida política.
g. más protección contra la violencia.
h. a más profesores cualificados.

9 a. 🔊 53 – Escucha una entrevista al fundador de la asociación Terra Viva y toma notas sobre las siguientes cuestiones.

¿Quiénes son?   ¿Qué quieren?   ¿Desde cuándo existen?

b. Escucha de nuevo y escribe frases sobre las actividades de la asociación, combinando los elementos de las dos columnas.

1. Apoya
2. Organiza
3. Denuncia
4. Reclama

- la falta de interés de los Gobiernos por los problemas del medio ambiente.
- manifestaciones.
- acciones relacionadas con la conservación de la naturaleza.
- encuentros y charlas.
- un cambio de actitud que empiece por los políticos.

10 a. Clasifica las palabras en función de los problemas de la tabla y añade una en cada caso. Hay varias posibilidades.

destrucción | rechazo | políticos/as | alimentación | medio ambiente | machismo
robo | agresión | poder | residuos | prejuicio | inflación
injusticia | consumo | pobreza | intolerancia | reciclaje

EL CAMBIO CLIMÁTICO	LA CORRUPCIÓN	LA DISCRIMINACIÓN	EL HAMBRE
destrucción			

b. Lee el siguiente artículo y complétalo con los problemas de a. Después escribe el texto del quinto problema.

LOS CINCO PRINCIPALES PROBLEMAS DEL MUNDO ACTUAL

1. _____: Casi 900 millones de personas en el mundo no tienen qué comer. África es el continente más afectado por este problema que alcanza niveles preocupantes. Las cifras hablan por sí mismas: 300 000 madres y 2,6 millones de niños mueren cada año por falta de alimentación.

2. _____: Se trata del problema que mayores efectos negativos está produciendo actualmente, tanto en el medio ambiente como sobre nuestro propio cuerpo. Desafortunadamente demasiada gente no se da cuenta de que consumir de manera irresponsable está terminando con nuestro planeta.

3. _____: El rechazo a lo diferente, sea de carácter cultural, sexual o étnico, es todavía la triste realidad de las sociedades en las que vivimos. Solo en España se producen 4000 agresiones al año por xenofobia y más del 80 % de las mujeres se sienten en situación de desigualdad.

4. _____: Cada año se roban más de 2,6 billones de dólares, lo que significa más del 5 % del PIB (producto interior bruto) a nivel mundial. Los gobernantes que no cumplen con su trabajo, que se llevan el dinero de los impuestos en lugar de gastarlo en el desarrollo del país, tienen la culpa de que el mundo no se desarrolle como debería.

5. **La inseguridad laboral:** _____

c. Lee las quejas y propuestas de algunas ONG y relaciónalas con los problemas de b.

- [1] Reclamamos que se garantice el derecho de todos los seres humanos a alimentarse con dignidad.
- [ ] Hace falta una sociedad que eduque a los jóvenes en el respeto a otras culturas.
- [ ] Tendríamos que promover las energías renovables y limitar el uso de las energías contaminantes.
- [ ] Es una vergüenza que la clase política utilice el poder para su propio beneficio.
- [ ] Nos indigna que el racismo esté aumentando y que no haya leyes para la igualdad.
- [ ] Los Gobiernos deberían favorecer el comercio de los países pobres reduciendo impuestos.
- [ ] Habría que investigar con más detalle el uso que los políticos hacen del dinero público.
- [ ] Exigimos que la sociedad tome conciencia de su ritmo de vida y actúe.

d. ¿Qué expresiones se usan en c para hacer propuestas y quejarse? ¿Puedes añadir más?
Hacer propuestas: *Hace falta...*
Quejarse: _____

11 Escribe dos peticiones, dos deseos y dos sugerencias o consejos usando el condicional.

PETICIONES	¿Podrías _____?
DESEOS	Me gustaría _____
SUGERENCIAS Y CONSEJOS	Tendríamos que _____

11 CAMBIOS Y VISIONES

12 Completa la tabla con las formas regulares del imperfecto de subjuntivo.

	RECLAMAR	EJERCER	EXIGIR
yo	reclama**ra**		exigie**ra**
tú		ejercie**ras**	
él, ella, usted			exigie**ra**
nosotros, nosotras	reclamá**ramos**	ejercié**ramos**	exigié**ramos**
vosotros, vosotras	reclama**rais**		
ellos, ellas, ustedes		ejercie**ran**	

13 Completa las tablas con las formas irregulares del imperfecto de subjuntivo.

ESTAR	IR / SER	TENER	HACER	PODER
estuviera				
	fueras			
		tuviera		
				pudiéramos
			hicierais	

14 Lee la descripción de esta organización y luego transforma las frases usando expresiones de obligación: debería, tendría que, habría que, hace falta.

1. Mucha gente no tiene una vivienda digna.
2. El derecho a una vivienda todavía no es un derecho para todos.
3. Muchas familias pobres no conocen este plan de ayuda.
4. No hay suficientes colaboradores/as para construir las casas.
5. No es muy conocida la asociación en el país.
6. No hay suficiente dinero para financiar más proyectos de vivienda.
7. El Gobierno no apoya mucho este tipo de actividades.

1. La gente debería tener una vivienda digna.

> **UN TECHO PARA MI PAÍS**
>
> **TECHO** es una organización chilena de jóvenes voluntarios que trabaja en 19 países latinoamericanos. Su objetivo es mejorar la calidad de vida de las familias pobres a través de la construcción de viviendas sencillas.

15 ¿Recuerdas las iniciativas que aparecen en la página 138 de la Edición para estudiantes? ¿A cuál de ellas se refiere cada una de las frases? Relaciona.

| **1.** ReVive | **2.** Payasos Sin Fronteras | **3.** #desnudalafruta |

- ☐ Esta iniciativa trata de evitar que tiremos los aparatos electrónicos y electrodomésticos.
- ☐ El colectivo lleva alegría a la gente en lugares de conflicto.
- ☐ El objetivo de la iniciativa es acabar con envases innecesarios.
- ☐ La ayuda no viene de profesionales, sino en colaboración con voluntarios expertos.
- ☐ Además de salvar un aparato se apoya el contacto social en el barrio.
- ☐ La idea es sacar una foto de los productos, publicarla y comentarla en las redes sociales.
- ☐ La idea nació en Ámsterdam en 2010 como contraposición al concepto de "usar y tirar".
- ☐ Es una iniciativa organizada por profesionales del teatro y de la música.
- ☐ "El humor genera tolerancia y ayuda a vivir", dicen sus colaboradores/as.
- ☐ Presionan a las tiendas para que cambien su política de envases.

16 Un test de compromiso social. Elige el verbo correcto en cada caso. Después haz el test y comprueba si eres solidario/a.

1 Si te enteras/enterarás de que una asociación humanitaria busca voluntarios/as en tu ciudad,
[ ] a. piensas/pensaras en pasarte por allí e informarte directamente.
[ ] b. les escribes/escribieras un correo pidiendo más información.
[ ] c. se lo dices/dijeras a una amiga que está interesada en este tipo de colaboración.

2 Si ves/verás noticias sobre la pobreza que sufren otros países,
[ ] a. mires/miras en internet si hay alguna manera de ayudar.
[ ] b. sientes/sintieras mucha pena y piensas/pensaras en lo injusto que es el mundo.
[ ] c. te molestará/molesta que pongan imágenes tan desagradables en televisión.

3 Si puedes/podrás dar dinero para que un/a niño/a reciba los alimentos que necesita, ¿lo harás/haces?
[ ] a. Sí, si de verdad lo necesita/necesitará.
[ ] b. Sí, si es alguien que conozco/conozca.
[ ] c. No, no creo que le sirve/sirva de algo.

4 Si el sindicato de tu empresa organizará/organizara una huelga a favor de tus derechos laborales,
[ ] a. participarías/participarás, aunque no cobraba/cobraras el salario de ese día.
[ ] b. vayas/irías al trabajo, pero trabajarás/trabajarías poco.
[ ] c. trabajarías/trabajarás como un día normal porque tienes miedo del/de la jefe/a.

5 Si ves/veas botellas de plástico que otros han dejado en la playa,
[ ] a. las recoges/recogerías y las pones en el contenedor del plástico.
[ ] b. recoges/recogieras solo las que están cerca de ti.
[ ] c. no las recoges/recojas, ya pasará el camión de la basura.

> Entre 3 y 5 respuestas a.
> ¡Siéntete orgulloso/a! Eres muy solidario/a.
>
> 2 respuestas a.
> Eres solidario/a cuando te conviene.
>
> Entre 0 y 1 respuesta a.
> ¡Nunca es tarde para empezar a ayudar!

---

17 a. ¿En qué caso lo harías? Completa las frases con el imperfecto de subjuntivo.

1. Aprendería a bailar tango solo si _____
2. Haría un viaje en crucero solo si _____
3. Compraría una casa en el campo solo si _____
4. Viajaría por el mundo con mochila solo si _____
5. Me casaría solo si _____

b. ¿En qué situación reaccionarías así? Completa las frases con si + imperfecto de subjuntivo.

1. _____, no aceptaría la invitación.
2. _____, me alegraría y daría las gracias.
3. _____, me pondría muy triste.
4. _____, me reiría mucho.
5. _____, llamaría a la policía.

---

18 Imagina algunas consecuencias para estos casos.

1. Si las personas pudieran volar, …
2. Si los animales hablaran, …
3. Si todos habláramos el mismo idioma, …
4. Si el plástico fuera comestible, …

11 CAMBIOS Y VISIONES

19 Lee los comentarios de Marcos, un voluntario de la Asociación Nacional Amigos de los Animales, y complétalos con los verbos en imperfecto de subjuntivo.

1. Todos los que trabajamos aquí somos voluntarios y voluntarias, pero nos preocupamos como si _____ (TRABAJAR) por un sueldo.
2. Durante las vacaciones encontramos muchos perros abandonados en la calle, como si no _____ (TENER) dueños. ¡Es una vergüenza!
3. Nuestro albergue para animales está siempre completo, como si no _____ (HABER) otro en la ciudad.
4. En la asociación nos llevamos muy bien, es como si _____ (SER) una gran familia.
5. En este proyecto nos sentimos como si _____ (HACER) algo muy importante para la sociedad y para los animales, y por eso nos gusta.
6. En la asociación colaboran también adolescentes y es como si ellos/as _____ (CONOCER) mejor las necesidades de los animales.

20 En cada frase hay un error. Cambia las palabras en negrita por las correctas de la columna derecha.

1. Actualmente **la** hambre mata a más de cien millones de personas al año.
2. Jorge siempre ayuda a su amigo Héctor como si **era** su hermano.
3. Los/as trabajadores/as desean **que tengan** mejores condiciones laborales.
4. Tendremos una sociedad más justa **cuando** todos/as somos más tolerantes.
5. Todos/as **tendríamos** ser más respetuosos/as con la sociedad en la que vivimos.
6. Las feministas quieren que los derechos de las mujeres **fueron** reconocidos.
7. Andrés **está** socio de una organización contra la violencia infantil.
8. Si nos prohibieran expresarnos libremente, **deberíamos** que protestar.
9. A la sociedad **la** indigna que hayan subido tanto los impuestos.
10. Si hubiera menos guerras, **será** más fácil terminar con el hambre mundial.

a. si
b. deberíamos
c. es
d. le
e. el
f. sería
g. fuera
h. sean
i. tendríamos
j. tener

21 Lee el texto sobre el aceite de oliva de las páginas 142 y 143 de la Edición para estudiantes y marca las informaciones que aparecen en él. ¿Qué informaciones son nuevas?

1. ☐ La palabra **aceite** viene del árabe *azzáyt*, que significa **zumo de oliva**.
2. ☐ Los mayores productores de aceite de oliva son países a orillas del Mediterráneo.
3. ☐ El olivo puede resistir temperaturas de hasta 6 o 7 grados bajo cero.
4. ☐ El olivo y su cosecha forman parte de la literatura española.
5. ☐ La aceituna se recoge cuando se ha desarrollado completamente, es decir, a partir de octubre.
6. ☐ La aceituna madura en el árbol durante 9 meses.
7. ☐ El aceite de oliva ayuda a proteger la salud.
8. ☐ El aceite de oliva se usa también en productos de belleza.
9. ☐ En ocasiones se ha utilizado el aceite de oliva para el buen funcionamiento de los motores.

MUNDO PROFESIONAL

22 Lee el texto sobre los derechos de los/as teletrabajadores/as y busca la traducción a tu lengua de las palabras subrayadas.

TELETRABAJO: GUÍA DE DERECHOS

El teletrabajo o trabajo a distancia es una actividad laboral en la que la presencia física en la empresa no es necesaria. La principal <u>herramienta</u> de teletrabajo son las TIC (tecnologías de la información y comunicación), que la empresa tiene que <u>poner a disposición</u> de los/as trabajadores/as. En el <u>contrato de trabajo</u> se fijan <u>por escrito</u> las bases de la relación entre <u>empleador/a</u> y teletrabajador/a y las condiciones del trabajo. El / La teletrabajador/a debe cumplir con la <u>jornada de trabajo</u>, por ejemplo, 40 horas semanales, y a cambio del trabajo realizado recibe un <u>sueldo</u>. Igual que los/as empleados/as con sede en la empresa, en régimen de teletrabajo se tiene derecho a tiempos de descanso: los <u>descansos</u> semanales, los descansos por <u>festivo</u> y las vacaciones.

Tanto la empresa como el / la empleado/a están obligados a pagar la <u>seguridad social</u>. La protección que recibe el / la teletrabajador/a comprende la <u>asistencia sanitaria</u>, <u>protección por maternidad</u>, <u>jubilación</u> y <u>paro</u>.

Todo/a teletrabajador/a puede ser miembro de un <u>sindicato</u>. Tiene derecho a la <u>huelga</u>, a la formación personal y a la <u>promoción</u>. También a no ser discriminado/a por razones de sexo, estado civil, edad, grupo étnico, ideas políticas, orientación sexual o lengua.

PRONUNCIAR BIEN

23 a. Algunas variedades del español.

> Casi 500 millones de personas en el mundo hablan español. Obviamente hay diferentes formas de hablarlo. En Madrid no se habla igual que en Buenos Aires o Lima, e incluso dentro de un mismo país hay variantes en la pronunciación y entonación.

b. 🔊 54 – Escucha a algunos hispanohablantes que se presentan. ¿Notas alguna diferencia en la entonación, velocidad o claridad?

1. Perú
2. Galicia
3. Cataluña
4. Andalucía
5. Argentina
6. Madrid

c. 🔊 54 – Escucha otra vez. ¿Notas alguna diferencia en la pronunciación de algunas letras? ¿Cuáles? Coméntalo en clase.

11 CAMBIOS Y VISIONES

AUTOEVALUACIÓN

YA SÉ...

... **hablar sobre el estado y la sociedad:**
El sindicato _____ una huelga contra _____.

... **describir problemas políticos y sociales:**
La gente sale a la calle porque _____.

... **hablar sobre el compromiso social:**
Soy miembro de _____ que lucha contra _____.

... **hablar de causas y consecuencias probables:**
Si usamos los transportes públicos, _____.

... **hablar de causas y consecuencias menos probables:**
Si _____, el mundo sería mejor.

... **hablar sobre protestas:**
Los manifestantes exigen que los políticos _____.

... **valorar:**
Me molesta _____. Me parece bien _____.

... **expresar obligación:**
Todos deberíamos _____. Habría que _____.

... **formar y usar el imperfecto de subjuntivo:**
dar: que yo _____; ser: que tú _____; venir: que usted _____.

... **hacer comparaciones irreales:**
Tu amigo está haciendo como si _____.

... **usar frases condicionales con si:**
Si el libro te gusta, te lo _____. Si no te gustara, lo _____ cambiar.

12 MIRADOR
Unidad de repaso

1 Lee este correo electrónico y marca en cada número la palabra correcta.

Mensaje nuevo

Hola, Sergio:

¿Qué tal estás? ⬜1 ¡felicidades por tu nuevo libro! ¡Tengo muchas ganas de leerlo! Mira, ayer me pidió Ana María que te ⬜2 para pedirte ayuda. Como sabes, nosotros somos voluntarios en una ⬜3 que se dedica a organizar actividades para niños de familias pobres, y si ⬜4 conseguir algo más de dinero antes del verano, organizaríamos una excursión para los niños.

Además, hemos pensado que quizá podrías venir a dar una ⬜5 sobre el desarrollo de los bebés hasta un año. Aquí hay mucha gente interesada en el tema y si cobráramos 10 euros de entrada, ⬜6 disponer de suficiente dinero. Claro que tú tendrías que estar de acuerdo en hacerlo gratis. Espero que te ⬜7 nuestra propuesta y, además, te lo ⬜8 mucho. ⬜9 a la fecha y la hora, somos totalmente flexibles: puede ser cuando tú ⬜10.

Espero tu respuesta.
Un abrazo,
Camila

---

1. ☐ En consecuencia
    ☐ En primer lugar,
    ☐ En cambio,

2. ☐ escribo
    ☐ escribiera
    ☐ escribe

3. ☐ ONG
    ☐ empresa
    ☐ sindicato

4. ☐ podamos
    ☐ pudimos
    ☐ pudiéramos

5. ☐ conferencia
    ☐ hora
    ☐ experiencia

6. ☐ pudimos
    ☐ podríamos
    ☐ podamos

7. ☐ indigne
    ☐ moleste
    ☐ interese

8. ☐ agradeceríamos
    ☐ agradecimos
    ☐ haríamos gracia

9. ☐ De acuerdo
    ☐ Respecto
    ☐ Además

10. ☐ quieres
    ☐ digas
    ☐ prefieres

2 🔊 55-58 – Lee las siguientes frases. Luego escucha cuatro informaciones y marca si las frases son verdaderas (V) o falsas (F). Escucha una segunda vez y comprueba.

1. Estás en la estación de Madrid y quieres ir a Sevilla. Escucha la siguiente información:

   ☐ El tren a Sevilla va a ser puntual.

2. Tienes entradas para el concierto de Luis Miguel. Por la radio oyes la siguiente información:

   ☐ Han cambiado el día del concierto.

3. Vas a pasar el fin de semana en Bilbao. Escucha la previsión meteorológica:

   ☐ Va a hacer mucho frío.

4. Has hecho un pedido al supermercado. Escucha este mensaje en el contestador automático:

   ☐ Tienes que informar de la hora a la que pueden traerte el pedido.

ciento tres **103**

12 MIRADOR

3 Lee este correo y marca en cada número la palabra correcta. Sobran cinco palabras.

- pero
- sino
- compartí
- desearía
- interesa
- alojamiento
- sería
- necesario
- lamentablemente
- motivos
- serio
- hablar
- hablando
- pudieran
- estaría

Estimados señores: **1** recibir información sobre los cursos de español que ofrecen ustedes en el mes de agosto. Es **2** que llegue rápido a un nivel avanzado, porque a partir de noviembre me trasladaré a Madrid por **3** laborales. Ustedes mencionan unos "cursos a medida". ¿Podrían explicarme con detalle cómo son? Además, me interesan los cursos, **4** también las distintas posibilidades de **5** que aparecen en el anuncio. Me interesa vivir con una familia española, porque el verano pasado **6** un piso con otros estudiantes extranjeros en Granada y **7** estuvimos todo el tiempo **8** en inglés. Les **9** muy agradecido si ustedes me **10** enviar dos o tres posibilidades de alojamiento.

Atentamente,
Stephan Behnke

4 🔊 59 - Escucha una entrevista sobre la población indígena de Chile y decide si las frases son verdaderas (V) o falsas (F). Luego, escucha de nuevo y comprueba.

1. La mayoría de la población es indígena.
2. Hoy existen datos exactos sobre la población indígena.
3. Los indígenas viven sobre todo en ciudades.
4. Casi la mitad de la población de Chile vive en Santiago.
5. El crecimiento económico llega a la población indígena.

5 Lee estas noticias y decide cuál de los ocho titulares corresponde a cada una.

- Cirugías estéticas, un regalo de moda
- Un país bilingüe
- Millonarios piden pagar más impuestos
- Las operaciones estéticas, una decisión difícil
- Sindicato realiza paro nacional
- Gobierno asegura que no subirá los impuestos
- Congreso de lenguas indígenas en Paraguay
- Gobierno prohíbe huelga general

1 BUENOS AIRES. Entre los clásicos pedidos navideños, las cirugías plásticas son cada vez más frecuentes. Y las fiestas de cumpleaños, los aniversarios o la tradicional fiesta de 15 años son ocasiones para este tipo de regalo. Según los expertos, entre el 20 y 30 % de las operaciones que se realizan son regalos. Novios, maridos y madres las regalan.

2 SANTIAGO. Con barricadas y cortes de tráfico en todo el país ha comenzado esta semana una huelga del mayor sindicato de Chile. Esta protesta de los trabajadores se añade a la huelga de miles de estudiantes universitarios que exigen reformas educativas, lo que aumenta la presión sobre el Gobierno chileno.

3 PARÍS. Varias de las personas más ricas y de los principales empresarios de Francia han firmado una propuesta en la que solicitan al Gobierno que establezca una "contribución excepcional". Esta deberá ser pagada por los más ricos para colaborar así en el "esfuerzo solidario" necesario para el futuro económico del país.

4 ASUNCIÓN. El presidente de Paraguay firmó la Ley de Lenguas, que establece el guaraní como idioma oficial, al igual que el castellano. Además, crea un organismo que se encargará de investigar y apoyar las lenguas indígenas en Paraguay. Según las estadísticas, el 27 % de la población es monolingüe guaraní, aunque entiende algo de español.

6. 🔊 60 - Escucha un fragmento del programa *El placer de viajar* y elige la opción correcta en cada caso.

1. Aisha viajó sola por primera vez porque...
   - ☐ quería probar la experiencia.
   - ☐ no encontró a nadie que la acompañara.
   - ☐ necesitaba estar sola.

2. Cuando viaja sola, Aisha...
   - ☐ a menudo se siente insegura.
   - ☐ nunca tiene miedo.
   - ☐ es cuidadosa.

3. En uno de sus viajes, Aisha...
   - ☐ perdió su equipaje.
   - ☐ no pudo hablar con mucha gente.
   - ☐ sufrió un robo.

4. A Aisha le molesta que la gente...
   - ☐ tenga prejuicios respecto a las mujeres que viajan solas.
   - ☐ le ofrezca su ayuda cuando la ven sola.
   - ☐ le dé consejos.

5. Aisha viaja sola...
   - ☐ para demostrar de lo que es capaz.
   - ☐ porque le cuesta adaptarse a otros.
   - ☐ porque le ayuda a conocerse a sí misma.

6. Aisha aconseja a otras mujeres que...
   - ☐ planifiquen bien sus viajes.
   - ☐ no viajen solas.
   - ☐ no confíen en la gente local.

7. Habla con un/a compañero/a sobre algunos de los siguientes temas. Pregunta solo por cosas que no sabes todavía. Luego, tu profesor/a os hará una o dos pregunta más.

| familia | origen | trabajo | gustos y aficiones | rutinas y costumbres | vacaciones |
| idiomas | gustos culinarios | deportes | planes de futuro | ... | |

8. Imagínate estas situaciones y relaciónalas con la oferta de ocio que corresponde.

1. Quieres ver una película de miedo. Además te interesan las novedades tecnológicas.
2. Te gustaría ir al cine a ver una película ligera, quizá romántica.
3. Querrías ver una exposición. Te interesa especialmente el arte realista.
4. Te gustaría ver una exposición, pero también quieres disfrutar del buen tiempo.

---

1) LO CONTRARIO AL AMOR

Raúl y Merce se enamoran, pero su vida se convierte en la típica de una pareja, con miedos y dependencias. Comedia con final feliz con Adriana Ugarte y Hugo Silva.

2) TRANSTEMPO, CÍRCULO DE BELLAS ARTES

La obra de la fotógrafa Cristina García Rodero muestra rituales religiosos y folclore de Galicia centrándose en caras, gestos y escenas.

3) DESTINO FINAL 5 (EE. UU.)

Quinta parte de la saga de terror, ahora en 3D. De nuevo la muerte está omnipresente. Esta vez es el turno de unas personas que sobreviven a la caída de un puente.

4) FORMA Y COLOR

La escultora Sophia Vari, esposa de Fernando Botero, expone en Madrid una selección de sus obras. Las piezas han sido instaladas al aire libre entre la plaza de Colón y la calle Marqués de Riscal.

5) LA PIEL QUE HABITO

En esta inclasificable película de Almodóvar, Antonio Banderas interpreta a un doctor que logra crear piel humana sintética y Elena Anaya es la mujer en la que realiza el experimento.

6) EQUIPO CRÓNICA

La Galería Antonio de Suñer acoge al Equipo Crónica, con una selección de sus obras. El grupo artístico fue fundado en 1964 y cultivó un arte irónico y crítico dentro de la tendencia *pop art* con notas surrealistas.

12 MIRADOR

9 Te llega este correo electrónico de una pareja española que conociste el año pasado. Contesta mencionando los siguientes puntos.

- Felicita a la pareja y acepta la invitación.
- Pide consejos sobre dónde alojarte.
- Explica si asistirás solo/a o acompañado/a y por quién.
- Pregunta sobre las preferencias para los regalos.

> Querido/a...:
> ¿Cómo estás? Nosotros muy bien... Te escribimos con buenas noticias: nos casamos el 23 de octubre en Santander y nos encantaría que estuvieras con nosotros ese día. Queríamos avisarte con tiempo porque desde el extranjero es más complicado llegar. Por supuesto que puedes traer contigo a quien quieras. Escríbenos diciendo que vienes, que nos haría mucha ilusión.
> Un beso,
> Andrés y Marcelo

10 Lee este texto sobre la conservación de las lenguas y marca la opción correcta.

LAS NUEVAS TECNOLOGÍAS AL SERVICIO DE LAS LENGUAS AMENAZADAS

Hoy en día muchos especialistas afirman que las nuevas tecnologías pueden ayudar a la conservación de lenguas que están en peligro de extinción. Es por eso que ya se están llevando a cabo algunas iniciativas. El caso más popular es el de *Kumbarikira*, un vídeo cantado en español y en lengua kukama por niños y adolescentes de un pueblo amazónico del Perú. El vídeo cuenta ya con más de 110 000 visitas en la red.

Según la UNESCO es imposible calcular el número de lenguas desaparecidas a lo largo de la historia. México es el caso más dramático, pues, según el *Atlas mundial de lenguas en peligro*, cuenta con 143 lenguas en situación muy crítica. Solís Fonseca, colaborador del atlas, explica que las lenguas desaparecen cuando dejan de ser instrumentos de comunicación social. "Cuando se pierde una lengua, no todo desaparece, quedan elementos culturales, saberes, incluso textos, gramática y léxico especializado. Y es aquí donde las nuevas tecnologías pueden ayudar a conservarlas, especialmente si la lengua no se escribe".

Eso han demostrado los kukamas, que viven en la Amazonía de Perú, Colombia y Brasil. Detrás del exitoso vídeo, hay ocho años de intentos por revalorizar su lengua. El proceso comenzó usando una tecnología tradicional: la radio. "Cuando comenzamos el trabajo, nadie se reconocía como kukama, a los más viejos les daba vergüenza hablar la lengua", cuenta Tello, un nativo kukama que no sabía nada de sus antepasados porque en la escuela nunca le hablaron de las culturas amazónicas. Tello dirige Radio Ucamara en un poblado de la selva peruana, donde descubrió que por lo menos 500 personas hablan kukama. Si bien la radio jugó un papel, reconoce el valor de internet. "Lo que ha pasado con el vídeo es increíble. Ya hay niños de otros pueblos que imitan a los nuestros, que cantan Kumbarikira, y eso es un tema de identidad indígena que no hubiera sido posible sin internet".

Varios proyectos en línea están ayudando a personas que, como Tello, tratan de salvar su lengua. Con el apoyo de Google Groups el proyecto Idiomas en Peligro de Extinción ofrece la información más actual sobre las lenguas en peligro, además de muestras de lengua y estudios de casos para ayudar a su conservación.

1. Las nuevas tecnologías...
   - ☐ no siempre son accesibles para todos.
   - ☐ contribuyen a conservar algunas lenguas.
   - ☐ evitarán la desaparición de 3000 lenguas.

2. El vídeo *Kumbarikira*...
   - ☐ busca combatir la extinción del kukama.
   - ☐ es una idea que nació de Radio Ucamara.
   - ☐ ha sido realizado por niños y adolescentes.

3. Según el texto, las lenguas desaparecen...
   - ☐ si no se escriben.
   - ☐ pero nos dejan parte de sus componentes.
   - ☐ debido a la política lingüística.

4. Tello...
   - ☐ se queja de las nuevas tecnologías.
   - ☐ tiene vergüenza de hablar su lengua nativa.
   - ☐ ha contribuido a la conservación del kukama.

5. Radio Ucamara...
   - ☐ es anterior al vídeo *Kumbarikira*.
   - ☐ consiguió revivir una lengua.
   - ☐ cuenta con el apoyo financiero del Gobierno.

6. Gracias a proyectos en línea, podemos...
   - ☐ informarnos sobre las lenguas amenazadas.
   - ☐ encontrar profesores voluntarios.
   - ☐ aprender quechua a distancia.

NOS VEMOS HOY 3

ILUSTRACIONES

Miguel Manich (studiomanich.com)

Excepto por: **U6**: p. 52 Sudowoodo/iStockPhoto. **U9**: p. 75 Gokcemim/iStockPhoto, Tabitazn/iStockPhoto. **U10**: p. 84 pop _ jop/iStockPhoto.

FOTOGRAFÍAS

U1: p. 9 GMVozd/iStockPhoto; p. 12 dragana991/iStockPhoto, AaronAmat/iStockPhoto, AleksandarNakic/iStockPhoto; p. 13 Peter Kramer/GettyImages, Cecilie _ Arcurs/iStockPhoto; p. 14 Sean Gallup/GettyImages; p. 15 Matt Winkelmeyer/GettyImages, Dylan Buell/GettyImages; p. 16 AnnaPustynnikova/iStockPhoto, ntstudio/iStockPhoto; p. 17 adamkaz/iStockPhoto, cynoclub/iStockPhoto. **U2**: p. 19 1MEDIA/iStockPhoto, GlobalP/iStockPhoto; p. 20 Konoplytska/iStockPhoto; p. 21 Kosamtu/iStockPhoto; p. 25 MarioGuti/iStockPhoto; p. 26 Leonsbox/iStockPhoto. **U3**: p. 29 saiko3p/iStockPhoto; p. 30 PeopleImages/iStockPhoto, Richard Villalonundefined undefined/iStockPhoto, Manuel-F-O/iStockPhoto, Pornpak Khunatorn/iStockPhoto, yacobchuk/iStockPhoto, webphotographeer/iStockPhoto, LumiNola/iStockPhoto, picture/iStockPhoto, AndreyPopov/iStockPhoto, ronstik/iStockPhoto, Kateryna Kukota/iStockPhoto, zoranm/iStockPhoto; p. 31 VR _ Studio/iStockPhoto; p. 32 Daniela Baumann/GettyImages, querbeet/iStockPhoto; p. 35 Mireya Acierto/GettyImages; p. 36 Rudolf Ernst/iStockPhoto, Alinakho/iStockPhoto. **U4**: p. 39 Gabrieuskal/iStockPhoto; p. 40 SrdjanPav/iStockPhoto. **U5**: p. 41 LumiNola/iStockPhoto; p. 42 Photo 12/Alamy, The Granger Collection/Alamy; p. 43 Heritage Image Partnership Ltd/Alamy; p. 44 Andrew Michael/Alamy, latam.casadellibro.com; p. 45 David Brabiner/Alamy; p. 46 Victor Koldunov/Alamy, gorodenkoff/GettyImages, Marat Musabirov/iStockPhoto; p. 48 YinYang/iStockPhoto. **U6**: p. 51 antares71 /GettyImages; p. 53 The Picture Pantry/Alamy; p. 54 Jarp/iStockPhoto, David Cabrera Navarro/Alamy, Karla Ferro/iStockPhoto; p. 55 mapodile/iStockPhoto; p. 56 Facundo Santana / EyeEm/GettyImages; p. 57 brazzo/iStockPhoto, MarioGuti/iStockPhoto, yipengge/iStockPhoto, fatihhoca/iStockPhoto, monkeybusinessimages/iStockPhoto, vinicef/iStockPhoto, PeopleImages/iStockPhoto, Bilanol/iStockPhoto; p. 58 Larisa Blinova/Alamy; p. 59 Morsa Images/GettyImages. **U7**: pp. 61 y 68 Owen Franken/GettyImages; p. 62 Pekic/iStockPhoto; p. 63 Andrs Bentancourt/GettyImages; p. 64 Morsa Images/GettyImages, Maskot/GettyImages; p. 65 nautiluz56/iStockPhoto, Westend61/GettyImages, FG Trade/iStockPhoto; p. 66 Corey Bradder / EyeEm/GettyImages; p. 67 jacoblund/iStockPhoto, Viviana Delidaki/iStockPhoto; p. 68 martin-dm/iStockPhoto. **U8**: p. 71 MStudioImages/iStockPhoto; p. 72 JLco - Ana Suanes/iStockPhoto. **U9**: p. 73 sunakri/Alamy, Diana Haronis dianasphotoart.com/GettyImages, Maskot/GettyImages, Stephen Swintek/GettyImages, Ariel Skelley/GettyImages; p. 74 martin-dm/iStockPhoto; p. 76 Andrey _ Kuzmin/iStockPhoto; p. 78 Darren Baker/Alamy; p. 79 Flashpop/GettyImages, Wataru Yanagida/GettyImages; p. 80 Maude Guatteri / EyeEm/GettyImages, fcafotodigital/iStockPhoto. **U10**: p. 83 sara _ winter/iStockPhoto, stockstudioX/iStockPhoto; p. 84 guvendemir/iStockPhoto, Uldis Laganovskis/iStockPhoto, MEDITERRANEAN/iStockPhoto, vintagerobot/iStockPhoto, SL _ Photography/iStockPhoto; p. 85 Jay Dickman/GettyImages; p. 88 urbazon/iStockPhoto, South _ agency/iStockPhoto; p. 90 carloscastilla/iStockPhoto. **U11**: p. 93 Circle Creative Studio/iStockPhoto; p. 94 Bruce Yuanyue Bi/GettyImages; p. 95 Colors Hunter - Chasseur de Couleurs/GettyImages; p. 96 ericcrama/GettyImages; p. 100 Elena Noviello/GettyImages; p. 101 Pekic/iStockPhoto.